Sonja Janssen und Julia Alberts

Sternenstaub & Lichterglanz

Eine spielerische Schatzkiste für die Advents- und Weihnachtszeit

Illustrationen von Simone Pahl

Ökotopia Verlag, Münster

Impressum

Autorinnen:	Sonja Janssen und Julia Alberts
Illustratorin:	Simone Pahl
Titelgestaltung:	Julia Stecker
Lektorin:	Barbro Garenfeld
Satz:	Hain-Team, Bad Zwischenahn
ISBN:	978-3-86702-094-7

1 2 3 4 5 6 7 8 9 10 • 15 14 13 12 11 10 09

Inhalt

WAHRNEHMEN
ENTSPANNUN
BEWEGUNG
SPRECHEN
TURNEN
ZUHÖREN
KRÄFTEMESSEN
MERKEN
FANTASIE
SPIELEN
KONZENTRIEREN
Spaß
BASTELN

Wie das Buch entstand

Der Zauber von Sternenstaub und Lichterglanz erfüllt Jung und Alt zur Vorweihnachtszeit jedes Jahr aufs Neue. Die Vorfreude auf das bevorstehende Weihnachtsfest bestimmt den Advent und lässt ihn zu einer ganz besonderen Zeit des Jahres werden.

Gleichzeitig hört man aber auch oftmals das Klagen vieler Eltern, ErzieherInnen und LehrerInnen über die Unruhe der Kinder. Wer kennt sie nicht, die „verrückten" Weihnachtskinder? Vor lauter Spannung und Vorfreude nehmen Bewegungsdrang, Unruhe und Aggression bei Kindern zwangsläufig zu.

Aber auch wir Erwachsenen ertappen uns dabei, wie das Abhandeln von Terminen oder das Kaufen von Geschenken unseren Alltag bestimmen. In dieser oftmals strukturlosen Zeit verlieren unsere Kinder nicht selten haltgebende Sicherheiten. Alles rennt, und statt der vorweihnachtlichen Ruhe und Besinnung, statt des Zusammenrückens bei Kerzenschein, stellt sich bei vielen Menschen hektisches Treiben ein. Da ist es nur natürlich, dass unsere Kinder auf diesen Stress mit ihrem eigenen „originellen" Verhalten reagieren.

Aus diesem Grunde entstand der Wunsch nach einem Ideenworkshop zum Thema Advent und Weihnachten. Hier sollten pädagogisch sinnvolle Spiele vorgestellt werden, die auf genau die beobachteten Verhaltensweisen unserer Kinder reagieren. Es entwickelten sich mehrere Seminare zuerst nur in der Theorie. Eine Vielzahl von Spielen wurde dann in der Praxis erprobt und von vielen KollegInnen kamen positive Rückmeldungen – zum ersten Mal hatten alle das Gefühl, dass die Vorweihnachtszeit viel zu kurz war! Ein schöneres Lob gibt es wohl kaum.

Unser Buch ist ein Geschenk an alle, die Kinder in ihrer Entwicklung begleiten. Es soll helfen, einen Hauch von Sternenstaub und Lichterglanz in unsere Häuser zurück zu bringen und gleichzeitig den alten Staub von den Sternen zu klopfen und neuen Schwung in die Weihnachtszeit zu bringen.

Mit praxiserprobten Spielen möchten wir es PädagogInnen erleichtern, die Vorweihnachtszeit einmal anders zu gestalten und neu zu genießen. Ganz nebenbei erfahren die Kinder dabei Förderung in den verschiedenen Bereichen, z. B. der Basiswahrnehmung, Handmotorik, dem Hören, Sehen und Empathieempfinden. Natürlich kommen auch Ruhe und Entspannung nicht zu kurz. Denn nach Anspannung fällt den Kindern das Entspannen leichter.

Der vorliegende Ideenfundus will den Zauber der Vorweihnachtszeit zurückbringen und das Warten auf das Fest verschönen. Alle Spiele lassen sich variieren und mit etwas Fantasie auch zu anderen Themen abwandeln. Sie sind mit relativ einfachen Mitteln und Alltagsdingen umzusetzen und auch in kleinen Zeitsequenzen in Kindergruppen, im Kindergarten und in der Schule einsetzbar.

Wir wünschen allen LeserInnen genauso viel Freude, wie wir in den vergangenen zwei Jahren mit unseren Kindern hatten!

Ihre **Sonja Janssen** und **Julia Alberts**

Was wir durch unsere Spielideen fördern

Kindheit ist heutzutage oft geprägt von veränderten Lebensverhältnissen und -umständen, die Kinder in ihrer Entwicklung und damit verbunden in ihrem Verhalten beeinflussen. Bereits 1994 beschäftigte ich (Julia Alberts) mich im Rahmen meiner Examensarbeit mit diesem Thema. Neue Studien zeigen, dass sich diese Entwicklung, die etwa in den 80er Jahren begann, fortsetzt und zum Teil verschlimmert.
Beschäftigte ich mich zur damaligen Zeit nur theoretisch mit dem Thema, so konnte ich in meiner praktischen Arbeit die gleichen Phänomene beobachten: Selbst an unserer (kleinen Dorf-) Schule, wo man vermuten könnte, die „Welt sei noch in Ordnung", traten und treten vermehrt Unruhe, Aggression und körperliche Beeinträchtigungen auf. Die Veränderungen sind ein Phänomen auch unserer Zeit. Wir müssen uns dem stellen und nicht über „Hibbelkids" klagen, sondern mit dem Hintergrund unserer Beobachtungen versuchen, sie zu verstehen, sie dort abholen, wo sie stehen, und ihnen helfen. Damit ist aber nicht gesagt, dass wir Kinder nicht erziehen sollten! Kinder brauchen zwar Verständnis, aber ebenso klare Grenzen.
Während meiner Arbeit an der Schule lernte ich Sonja Janssen kennen. Als sie mir von ihrer Arbeit erzählte, hat mich ihr Konzept sofort begeistert. Ich besuchte viele ihrer Fortbildungen und bekam Antworten auf meine Fragen. Durch die Arbeit mit Sonja Janssen lernte ich viel Neues und entwickelte die Idee zur heutigen Basalförderung an unserer Schule. In diesen Stunden werden die Grundlagen zur Bewegungs- und Wahrnehmungsförderung gelegt, Konzentration und Ausdauer werden geschult und das gezielte Hören und Sehen wird angeregt. Meiner Meinung nach eignet sich die Mischung aus „herkömmlicher Pädagogik" verbunden mit den Erkenntnissen der Entwicklungsbegleitung sehr, um den Kindern einen guten Schulstart zu ermöglichen oder den Schulalltag besser zu bewältigen.
Natürlich bieten alle Übungen aber nicht nur Potenzial für einen erfolgreichen Unterricht, sondern finden im Elternhaus oder Kindergarten sowie in der eigentlichen Ergotherapie gleichermaßen ihre Anwendung. Je früher wir unseren Kindern basale Anregungen geben, desto besser!

Wichtig: Unsere Spielideen regen verschiedene Teilbereiche des kindlichen Lernens an. Deshalb ordnen wir sie den einzelnen Bausteinen der kindlichen Entwicklung zu. Für uns hat die Freude am Spiel Priorität. Der Lerninhalt festigt sich schnell, da die Kinder mit ganzem Herzen dabei sind. Unsere Spielideen sollen die Kinder fördern und durch die Vorweihnachtszeit begleiten. Die Spiele können jedoch niemals eine Therapie ersetzen!

Folgende Entwicklungsbausteine werden gefördert

Taktile Wahrnehmung (Haut)
Die Haut ist unser größtes Wahrnehmungsorgan. Ganz eingeschlossen in sie, sollten wir uns möglichst wohl in dieser Hülle fühlen. Das taktile System entwickelt sich bereits vorgeburtlich und stellt unser erstes Kommunikationsorgan dar. Durch Rezeptoren nehmen wir Berührungen, Druck, Oberflächenstrukturen, Temperaturen und Schmerz wahr. Reize müssen genau lokalisiert und differenziert werden.

Körpereigenwahrnehmung (Muskulatur)
Rezeptoren in Muskeln, Sehnen und Gelenkhüllen geben Rückmeldung über unseren Körper und die Stellung der Körperteile zueinander. So können wir auch mit geschlossenen Augen unseren Körper koordinativ bewegen und müssen nicht jede Handlung visuell begleiten. Bewegungen müssen nicht immer neu geplant und können schneller ausgeführt werden.

Gleichgewicht
Rezeptoren im Innenohr sind für den Gleichgewichtssinn zuständig. Die Gleichgewichtsverarbeitung gewährleistet die aufrechte Haltung und die Körperhaltung in verschiedenen Bewegungssituationen, gibt uns Informationen über die Lage im Raum und über Geschwindigkeit und Richtung, in der wir uns bewegen. Auch die Blickregulation wird von diesem System beeinflusst.

Körperschema
Bei ausreichend integrierter Basiswahrnehmung speichern Kinder eine Landkarte ihres Körpers ab, die sie jederzeit ohne Überlegungen abrufen können. Das Körperschema ist das Bewusstsein der Lage aller Körperteile zueinander. Hierzu gehört z. B. das Wissen darüber, dass wir eine rechte und eine linke Körperhälfte besitzen, sowie eine obere und eine untere.

Körperkoordination
Unter Körperkoordination versteht man das automatisierte Zusammenspiel der einzelnen Körperabschnitte und -teile ohne visuelle Kontrolle.

Auge-Hand-Koordination
Das Zusammenspiel von Auge und Hand ist für das Erlernen der Kulturtechniken wie eine gelenkte Handschrift oder das saubere Ausmalen sowie für vieles mehr nötig. Auch für das Zählen, Zuordnen und Ordnen ist sie unabdingbar.

Figur-Grund-Wahrnehmung
Diese Wahrnehmungsfähigkeit ermöglicht es uns, die Aufmerksamkeit auf besondere Reize zu lenken und eine Figur vor ihrem Hintergrund zu erkennen. Ein Training der Figur-Grund-Wahrnehmung soll die Fähigkeit der Kinder verbessern, ihre Aufmerksamkeit auf die wesentlichen Reize zu lenken und die unwesentlichen nicht zu beachten.

Handmotorik
Jede Aktivität der Hände und Finger fördert die Entwicklung der Hand- und Feinmotorik. Beim Training der Handmotorik geht es um die Förderung gezielter, feinabgestimmter und differenzierter Bewegungen der Hand.

Merkfähigkeit
Übungen zur Merkfähigkeit fördern das kurzfristiges Erkennen und Behalten von Gehörtem und Gesehenem.

Höraufmerksamkeit
Spiele zur Stärkung der Höraufmerksamkeit trainieren die Fähigkeit, die Konzentration über einen längeren Zeitraum auf Gehörtes zu lenken.

Räumliches Hören
Bei Spielen zum räumlichen Hören wird die Fähigkeit wahrzunehmen, aus welcher Richtung ein Geräusch kommt, gezielt geübt.

Haut

Sockenmemory

Der Nikolaus hat die Socken der Kinder schon gefüllt. Leider sind sie durcheinander geraten.

Förderung: Tastsinn, Merkfähigkeit, soziale Kompetenz
Material: pro Kind 1 Sockenpaar, Wäscheleine, Klammern, kleine Geschenke oder Spielsachen (immer 2 gleiche, z. B. Süßigkeit, Auto, Luftballon, Stift, Radiergummi, Stofftier)
Alter: ab 5 Jahren
Vorbereitung: Jede Socke mit einem kleinen Geschenk füllen und alle an eine Wäscheleine hängen.

Was wären die Nikolaus- und Weihnachtszeit ohne Socken, in denen kleine Geschenke versteckt sind? An einer Wäscheleine hängen viele verschiedene Socken. In jeder Socke stecken unterschiedliche kleine Geschenke (Süßigkeiten, Autos, Luftballons, Stifte, Radiergummis, Stofftiere etc.), und zwar von jedem Geschenk ein Paar! Ziel ist es, sich zu merken, was in welchem Socken versteckt ist, um dann zwei gleiche Geschenke zu finden.
Das erste Kind geht zur Leine, sucht sich zwei Socken aus und betastet diese. Es holt den Inhalt aus beiden Socken und zeigt ihn den anderen Kindern. Stimmt der Inhalt beider Socken überein, darf das Kind ihn behalten. Ansonsten werden die Geschenke zurück in die Socken gestopft und das nächste Kind ist dran.

Tipp
Da die Kinder immer zwei gleiche Dinge gewinnen, verschenken sie eines davon. Hierbei berücksichtigen sie natürlich die Kinder, die noch nichts gewonnen haben.

Variante 1
Dieses Spiel kann auch ohne Schenken gespielt werden, z. B. mit Kleinigkeiten wie Spielsachen, die zurückgegeben werden.

Variante 2
Sehr viel schwerer wird das Spiel, wenn die Spielleitung die Socken nach jedem gescheiterten Versuch umhängt.

Schneelandschaft

Die Kinder gestalten eine winterlich weihnachtliche Schneelandschaft.

Förderung: taktile Wahrnehmung, Sprachförderung, Fantasie
Material: Wachstischdecke, Rasierschaum, Spielfiguren, Dekomaterialien (z. B. Steine, Federn, Zapfen, Tannengrün)
Alter: ab 4 Jahren

Auf den Boden wird eine Wachstischdecke gelegt. Die Kinder bemalen die Decke mit Rasierschaum. So entsteht eine Schneelandschaft. Die Kinder werden aufgefordert, mit dem Dekomaterial, den Steinen, Federn, Zapfen und dem Tannengrün eine weihnachtliche Winterlandschaft zu erstellen. Zur fertigen Landschaft kann eine Geschichte erzählt werden.

Variante
Ältere Kinder erfinden eine eigene Geschichte zur gestalteten Schneelandschaft.

Schneerutsche

Es schneit, es schneit, kommt ganz schnell aus dem Haus! Die Kinder toben durch den Schnee und rutschen den Abhang hinunter.

Förderung: taktile Wahrnehmung, Gleichgewicht, Körperwahrnehmung
Material: Matten, Silofolie, Rasierschaum, Wasserschüssel, warmes Wasser, Handtücher
Alter: ab 3 Jahren
Vorbereitung: Schneerutsche aus Matten und Folie vorbereiten. Die Matten hintereinander in eine Reihe legen und mit der Silofolie abdecken. Wasserschüssel mit warmem Wasser bereitstellen.

Die Kinder verteilen den Rasierschaum mit beiden Händen auf der Schneerutsche. Dann malen sie sich selber mit dem Schaum an. Ein wenig warmes Wasser auf die Rutsche geben und los geht die Rutschpartie.

Neuschnee

Es hat geschneit, die Welt ist weiß und der Neuschnee liegt locker und unberührt auf der Erde. Leider sind viele Dinge, die der Weihnachtsmann benötigt, im Schnee verschwunden. Können die Kinder ihm helfen?

Förderung: taktile Wahrnehmung, Körpergefühl
Material: Planschbecken, Styroporchips (kostenlos im Porzellanhandel erhältlich), kleine Spielsachen
Alter: ab 3 Jahren
Vorbereitung: Planschbecken mit Styroporchips füllen und Spielsachen darin verstecken.

Oh nein! Es ist kurz vor Heilig Abend und hat so sehr geschneit, dass der Weihnachtsmann die Geschenke im Schnee nicht wiederfindet! Schnell kommen ihm die Wichtel zu Hilfe. Können die Wichtel die Geschenke im Schnee finden? Wer die meisten Spielsachen findet, hat gewonnen.

Mutprobe

Dieses Spiel bezieht sich auf das vorherige. Es ist sehr viel Neuschnee gefallen und die Wichtelkinder spielen mit Begeisterung in der weißen Pracht. Wer hat viel Mut und traut sich, in den Schnee zu springen?

Förderung: taktile Wahrnehmung, Körperwahrnehmung, Gleichgewicht, Selbstwertgefühl
Material: Planschbecken, Styroporchips (aus dem Porzellanhandel)
Alter: ab 3 Jahren
Vorbereitung: Planschbecken mit Styroporchips füllen.

Die Wichtel springen vom Beckenrand in den „Schnee“. Der Schnee ist ganz weich und knistert beim Hineinspringen. Da kann gar nichts passieren und die kleinen Wichtel brauchen keine Angst zu haben. Sie probieren munter aus. Der schönste Sprung wird nominiert.

Schmutzige Sterne

Zu Weihnachten wollen alle Sterne funkeln. Die Sternenputzer haben viel zu tun und müssen die Sterne von Matsch und Schmutz befreien.

Förderung: taktile Wahrnehmung, Handmotorik
Material: Ton (oder Lehm, Knete, Salzteig), Plastiksterne, Rasierschaum o. Ä. zum Reinigen; evtl. Fußsprudelbecken, Wasserschüssel mit Schwimmkerzen und gutem Duft
Alter: ab 4 Jahren
Vorbereitung: Für jedes Kind zwei bis drei Sterne in einen dicken Klumpen Ton kneten.

Die Sterne sind in den Matsch gefallen! Jedes Kind erhält einen Klumpen Ton, in dem Plastiksterne versteckt wurden. Die Sternenputzer suchen vorsichtig nach Sternen. Hoffentlich übersehen sie keine.
Sind alle Sterne gefunden, waschen die Kinder sie im „Sternen-Glanz-Schaum" (Rasierschaum) oder legen die gefundenen Sterne ins „Glücksbad" (Fußsprudelbecken).

Variante
Wer mag, kann auch selbst etwas Glück abzapfen und seine nackten Füße in das Becken halten. Die Sterne werden zum Ausruhen in das „Entspannungsbad" (eine Wasserschüssel mit Schwimmkerzen und gutem Duft) gelegt.

Sterne sieben

Die Sterne möchten zu Weihnachten besonders schön leuchten. Dazu müssen sie von den Engeln aus dem Sternenstaub herausgesiebt werden.

Förderung: taktile Wahrnehmung, Kraftdosierung, visuelle Wahrnehmung, Zählen, Rechnen, Schreiben
Material: 1 Wanne, Vogelsand, 2–3 Päckchen kleine Plastiksterne, 1 Sieb pro Kind
Alter: ab 3 Jahren
Vorbereitung: In einer mit Sand gefüllten Wanne kleine Plastiksterne verstecken.

Die Weihnachtssterne sind eingestaubt. Die kleinen Engel sitzen um eine mit Sand gefüllte Schüssel herum. Jedes Engelskind erhält sein eigenes Sieb. Wer wohl die schönsten Sterne aus dem Sand sieben wird?

Verzauberte Wunschzettel

Die Wichtel sind ratlos. Auf den Wunschzetteln der Kinder ist fast nichts zu sehen. Nun ist guter Rat teuer.

Förderung: taktile Wahrnehmung, visuelle Wahrnehmung, Kraftdosierung
Material: große Blätter Papier, Kakao oder Zimt in einem Beutel, dünne weiße Kerze
Alter: ab 3 Jahren
Vorbereitung: Mit der weißen Kerze auf ein Blatt Papier weihnachtliche Geschenkmotive malen.

Die Wichtel können die Wunschzettel der Kinder nicht lesen. Doch zum Glück gibt es Tubbi, den Oberwichtel. Er weiß Rat und holt seinen Beutel mit Zauberpulver (Kakao oder Zimt) heraus. Langsam und vorsichtig streuen die Wichtelkinder das Pulver auf ihr Blatt und verreiben es behutsam mit der ganzen Hand. Der Kakao bleibt am Wachs der Kerze haften und das Motiv wird sichtbar. Jetzt wissen die Wichtel, was die Kinder sich wünschen.

Weihnachtsbox

Vor Weihnachten gibt es viele Geheimnisse. In der Fühlbox können die Wichtelkinder allerlei Weihnachtliches erfühlen.

Förderung: taktile Wahrnehmung
Material: Fühlbox, jeweils 2 gleiche weihnachtliche Dinge (z. B. Kerze, Engel, Glöckchen, Tannenzapfen, Strohstern, kleine Geschenkpackung, insgesamt mind. 6 Paare), evtl. Sack
Alter: ab 4 Jahren
Vorbereitung: Die Fühlbox mit unterschiedlichen weihnachtlichen Dingen füllen.

In der geheimen Fühlbox des Weihnachtsmannes gibt es immer zwei gleiche Dinge, die zur Weihnachtszeit gebraucht werden, z. B. Kerzen, Engel, Glöckchen, Tannenzapfen, Strohsterne, kleine Geschenkpackungen. Welches Wichtelkind ist so geschickt und kann durch Erfühlen ein Paar aus dem Kasten holen?

Variante
Schwerer ist es, wenn die Kinder die Paare aus einem großen Sack suchen sollen.

Tipp 1
Bei Schulkindern sollten immer sechs Paare zur gleichen Zeit in der Tastbox liegen. Für jedes entnommene Paar wird ein neues nachgelegt, sonst wird das Spiel zu leicht. Bei jüngeren Kindern eher die Paare reduzieren.

Tipp 2
Die gefundenen Sachen inspirieren zu einer Reizwortgeschichte. Wem fällt etwas ein? Sind z. B. ein kleiner Weihnachtsmann, eine Nuss und ein Stern in der Tastbox gefunden worden, beginnt das erste Kind eine Geschichte zu erzählen: „Einmal hatte der **Weihnachtsmann** Zahnschmerzen." Das zweite Kind erzählt weiter: „Weil er auf eine viel zu harte **Nuss** gebissen hatte, schmerzte ihn der Zahn sehr." Das dritte Kind lässt sich einfallen, wie es in der Geschichte weitergeht und baut dabei das Reizwort **Stern** ein.

Süße Früchtchen

Süße Rentiere, Herzen und Sterne lassen sich von Kinderhand ganz leicht basteln.

Förderung: taktile Wahrnehmung, visuelle Wahrnehmung, Konzentration, Kreativität
Material: Trockenobst, Basteldraht, Zahnstocher, evtl. Schleifenband, Glöckchen, Perlen, Styroporkugeln, Tonpappe
Alter: ab 5 Jahren

Mit Hilfe von Draht oder Zahnstochern basteln die Kinder aus Trockenobst weihnachtliche Formen und Tiere.

Rosinenherz
Die Kinder fädeln Rosinen auf einen Draht. Daraus wird ein Herz geformt. Das Herz können sie mit einer weihnachtlichen Schleife verzieren. Noch schöner wird das Herz, wenn sie rote Perlen abwechselnd zu den Rosinen auffädeln.

Rentier
Aus Trockenpflaumen, Rosinen und Aprikosen stellen die Kinder Rentiere her. Für den Körper werden fünf Aprikosen auf einen Zahnstocher gespießt. Daran befestigen sie vier Drahtbeine mit Rosinen. Diese bekommen durch zusätzliche Zahnstocher Halt und können so auch kinderleicht an dem Rentierkörper befestigt werden. Als Füße dienen vier Trockenpflaumen. Der Hals wird aus Rosinen hergestellt, die auf Zahnstocher gespießt und ebenfalls am Körper befestigt werden. Obenauf wird eine Styroporkugel als Kopf gesetzt. Zwei Wackelaugen und ein Geweih aus Tonpappe geben den nötigen Pfiff. Fertig ist das Rentier.

Sternenstaub

Wie jeder weiß, bringt Sternenstaub Glück! Die Kinder stellen selber „Sternenstaub" her.

Förderung: taktile Wahrnehmung, Konzentration, Kreativität
Material: Muskatreibe, Straßenmalkreide, Papier, kleine verschließbare Fläschchen oder Gläser
Alter: ab 4 Jahren

Mit der Muskatreibe reiben die Kinder über einem Blatt Papier die Kreide zu feinem „Sternenstaub". Wichtig ist, dass der dabei entstehende Kreidestaub auf dem Blatt Papier aufgefangen wird. Das Blatt formen sie zu einem Trichter und füllen die Kreide in unterschiedlichen Farbschichten in Fläschchen oder Gläser. So entsteht ein wunderschönes Glücksgefäß, das sich hervorragend als Geschenk eignet. Denn wer freut sich nicht über etwas Glück in der Flasche?

Zuckerhäuschen

Endlich hat es geschneit! Die Häuser sind ganz weiß, sie glitzern und funkeln und sehen aus, als wären sie mit Puderzucker übergossen.

Förderung: taktile Wahrnehmung, Konzentration, Kreativität
Material: 1 Päckchen Würfelzucker, 1 Päckchen Puderzucker, Wasser, 1 großes Brett, 1 Teelicht, Glitzer
Alter: ab 6 Jahren
Vorbereitung: Puderzucker mit Wasser sehr dickflüssig anrühren. Eventuell den Grundriss des Hauses auf der Unterlage vorzeichnen.

Die Kinder bauen auf einem Brett nach ihrer Fantasie ein kleines Haus: Die Zuckerwürfel werden wie Ziegelsteine aneinander und aufeinander gesetzt. Dabei die Fenster und die Tür nicht vergessen! Als Kleber dient sehr dickflüssig angerührter Puderzucker. Zum Schluss wird das Haus mit Puderzucker übergossen. Besonders schön sieht es aus, wenn es mit Glitzer verziert wird. Ist das Zuckerhaus trocken, kann es mit einem Teelicht von innen beleuchtet werden.

Tipp
Jüngeren Kindern ist es eine Hilfe, wenn der Grundriss des Hauses auf der Unterlage vorgezeichnet wird.

Körperwahrnehmung

Auf die Plätzchen, fertig, los!

Die Kinder backen gegenseitig Plätzchen auf dem Rücken des anderen.

Förderung: Körperwahrnehmung
Material: pro Kinderpaar 1 Matte
Alter: ab 4 Jahren
Vorbereitung: Matten als Unterlage bereitlegen.

Oh, wie gut das riecht! Mama backt Weihnachtskekse. Als Backblech und Teig dient hierzu der Rücken eines anderen Kindes.
Immer zwei Kinder spielen zusammen. Ein Kind legt sich mit dem Bauch auf eine Matte. Das andere „backt die Plätzchen", indem es den Körper des liegenden Kindes wie einen Teig knetet und damit das Kind massiert. Die Spielleitung regt die Bewegungen durch folgenden Text an:

- Weihnachten steht vor der Tür. Mama bindet sich die Schürze um und holt die Zutaten für die Weihnachtsplätzchen aus dem Schrank. Sie macht den Ofen auf – aber ...
- das Backblech ist ja noch gar nicht sauber. Mama wäscht es erst einmal gründlich ab. *(Mit beiden Händen über den Rücken des Kindes reiben.)*
- Schon besser. Ein paar Krümel müssen noch weg. Geduldig zupft Mama ein paar hartnäckige Krümel herunter. *(Mit Daumen und Zeigefinger die Haut auf dem Rücken des Kindes zupfen.)*
- Jetzt fettet Mama das Blech ein. *(Mit flachen Händen über den Rücken des Kindes streichen.)*
- Jetzt rollt sie den Teig aus. *(Mit den Unterarmen über den Rücken rollen.)*
- Endlich kann Mama die Plätzchen ausstechen. Sie macht in diesem Jahr Sterne, Herzen, Kreise und Tannenbäume. *(Formen auf den Rücken malen, evtl. kann das liegende Kind die Formen erraten.)*
- Rosinen fehlen noch zur Dekoration. *(Mit dem Zeigefinger Druck auf dem Rücken des Kindes ausüben.)*
- Zwei Hände voll gehackter Nüsse brauchen wir auch. *(Mit den Handkanten auf den Rücken klopfen.)*
- Nun müssen die Plätzchen in den Ofen. *(Auf dem Rücken ganz schnell reiben, sodass Wärme entsteht.)*
- Oh je, da steigen Rauchschwaden in die Luft. Sind die Plätzchen verbrannt? *(Mit Zeigefinger, Mittelfinger und Ringfinger den Rücken des Kindes in Schlangenlinien hochfahren.)*
- Die Plätzchen sind noch zu heiß – Mama muss pusten. *(Pusten.)*
- Nun sind die Plätzchen fertig. Wer möchte probieren?

Tipp

Diese Massage kann in einer großen Gruppe oder mit nur wenigen Kindern gespielt werden. Wichtig ist, dass alle TeilnehmerInnen einander vertrauen.

Rentierschlitten

Die Rentiere müssen hinab zur Erde und die Geschenke verteilen. Wie gut, dass es so viele starke Rentiere gibt!

Förderung: Körperwahrnehmung, Raumorientierung, Rechts-Links-Orientierung, soziale Kompetenz
Material: pro Spielpaar 1 Teppichfliese (oder Kissen, zusammengelegte Decke, Rollbrett) und 1 Seil
Alter: ab 4 Jahren

Ein Kind setzt sich auf eine Teppichfliese (oder ähnlichen Gegenstand; wichtig ist nur, dass der Untergrund des Materials gut rutscht) und bekommt ein Seil um den Bauch gebunden. Das andere Kind ist das Rentier und zieht an dem Seil. Da nur der Fahrer (das sitzende Kind) den Weg kennt, muss er dem Rentier Kommandos geben: rechts herum, links herum, geradeaus, drehen …

Rentiermassage

Die Rentiere sind müde nach der langen Schlittenfahrt. Aber die Rentierwichtel wissen, was ihre Tiere jetzt brauchen.

Förderung: soziale Kompetenz
Material: pro Spielpaar 1 Matte als Unterlage
Alter: ab 3 Jahren

Die Rentiere hatten viel zu tun. Nun sind sie ganz müde und legen sich im Stall auf das Stroh. Die Kinder bilden Paare, das eine Kind spielt das Rentier, das andere den Pfleger. Das Rentier legt sich auf die Matte und genießt die Massage. Die Spielleitung gibt die Anweisungen vor:

- Die Rentierwichtel striegeln ihrem Rentier das Fell.
  (Die Fingerkuppen fahren mit festem Druck über den Rücken des Tieres.)
- Nach so einer Anstrengung müssen die Rentiermuskeln gelockert werden.
  (Mit beiden Händen den Rücken massieren und dabei die Muskulatur lockern.)
- Besonders gerne mögen es die Rentiere, wenn sie geklopft werden, denn das gibt neue Kraft.
  (Mit den Fäusten sanft auf den Körper des Kindes klopfen.)
- So fühlen sich die Rentiere sehr wohl. Ganz vorsichtig streichen die Wichtel ihren Rentieren das Stroh aus dem Fell.
  (Die Fingerkuppen fahren vorsichtig und mit sanften Berührungen über den Rücken.)
- Damit das Fell auch wirklich glänzt, wird Rentierglanz aufgetragen.
  (Mit den Fingerkuppen ganz sanft auf den Körper des Kindes tupfen.)
- Der Rentierglanz muss gut trocknen.
  (Über den Körper des Tieres pusten.)
- Nun dürfen die Rentiere schlafen. Die Wichtel streicheln ihre Rentiere, bis sie eingeschlafen sind.
  (Den Körper des Tieres sanft streicheln.)

Tipp

Dieses Spiel eignet sich gut in Kombination mit oder als Fortsetzung von „Rentierschlitten" (➜ S. 19).

Schneekind

Wunderschöne Schneekinder entstehen.

Förderung: Körperwahrnehmung, soziale Kompetenz
Material: pro Kind 1 Matte als Unterlage und 1 Beutel Watte, evtl. Materialien wie Nüsse, Wolle
Alter: ab 3 Jahren
Vorbereitung: Je eine Matte pro zu umrandendes Kind und einen Beutel Watte sowie Materialien zum Gestalten des Umrisses bereitstellen.

Ein Kind legt sich mit ausgestreckten Armen und Beinen auf eine Matte. Ein anderes Kind umrandet den Körper des liegenden Kindes mit Watte. Dabei zieht es die Watte auseinander, da es mit einzelnen Wattebauschen genauer arbeiten kann. Anschließend steht das liegende Kind vorsichtig auf und betrachtet seinen Umriss. Gemeinsam gestalten die beiden Kinder die Figur, indem sie mit Nüssen, Watte oder Wolle Augen, einen Mund, einen Bart o. Ä. in den Umriss legen.

Tipp
Es ist zu empfehlen, dass die Kinder bei diesem Spiel glatte, nicht aufgeraute Kleidung tragen! Die Watte haftet sonst an der Kleidung und lässt sich hinterher nur schwer entfernen!

Schneefiguren

Auch Wichtelkinder spielen gerne im Schnee. Wer wohl die schönste Schneefigur baut?

Förderung: soziale Kompetenz
Material: –
Alter: ab 5 Jahren

Immer zwei Wichtelkinder stellen sich zu Paaren zusammen. Ein kleiner Wichtel ist das Modell, der andere darf aus dem Modellwichtel eine Schneefigur formen. Dazu klopft er imaginären Schnee an dem Körper des Partners fest. Er beginnt an den Füßen, weiter geht es mit den Waden, Oberschenkeln, Po, Bauch etc. Der Schneeklopfer kann seine Figur in die Position bringen, in der er sie haben möchte. Die Schneefigur darf sich nicht zusätzlich bewegen. Feste klopfen, damit der „Schnee" auch hält!

Sternenwanderung

Bei den Sternenputzern gibt es einen ganz besonderen Gang, nämlich den Sternengang. Gehen die Engelein hindurch, so glitzern und schimmern sie wunderschön zum Fest.

Förderung: Konzentration, räumliche Wahrnehmung, Körperwahrnehmung
Material: ca. 10–20 Zollstöcke (je nach Anzahl der MitspielerInnen), Kreppband
Alter: ab 6 Jahren

Die Engel formen aus Zollstöcken Sterne. Sie sollen so groß sein, dass ein Engelskind durch den Stern hindurchsteigen kann. Dazu müssen sie mehrere Zollstöcke benutzen, die mit Kreppband verbunden werden. Die Hälfte der kleinen Engel stellt sich paarweise in eine Reihe. Jeweils zwei Kinder halten gemeinsam einen Stern hoch. Mal wird der Stern senkrecht, mal waagerecht, mal sehr hoch gehalten. Die übrigen Engelskinder klettern durch die Sterne hindurch. Dabei sind sie ganz vorsichtig, denn die Sterne dürfen nicht berührt werden oder zerbrechen!

Taler, Taler, du darfst wandern ...

Wichtelkinder müssen sehr geschickt sein. Auch sie besuchen wie Menschenkinder die Wichtelschule. Am liebsten mögen sie im Sportunterricht das Goldtalerturnen.

Material: viele gefüllte Goldtaler, evtl. kleine Schüsseln, Pinzetten, Wäscheklammern
Alter: ab 4 Jahren
Vorbereitung: Die Schüsseln, Pinzetten und einzelnen Goldtaler im Raum verteilen.

Jedes Wichtelkind bekommt einen Goldtaler. Der Wichtellehrer macht seinen kleinen Schülern Goldtalerübungen vor. Die Kinder schauen gespannt zu und bilden sie nach.

Anleitungen

- Lege den Taler zuerst auf den Fuß, dann auf den Handrücken, den Zeigefinger und auf dein Knie.
- Wer kann den Goldtaler im großen Bogen von einer Hand in die andere geben?
- Wer kann den Goldtaler auf den Kopf legen und mit den Händen auffangen?
- Wer kann den Goldtaler im Sitzen auf zwei Füße legen, hochheben und dann in eine Schüssel legen?
- Wer kann den Goldtaler auf dem Rücken transportieren?
- Wer kann den Goldtaler als liegende Acht durch die Beine hindurchreichen?
- Wer kann den Goldtaler mit dem Fuß durch einen Slalomparcours schieben?
- Wer kann den Goldtaler mit einer Pinzette bzw. Wäscheklammer weitergeben?
- Wer kann den Goldtaler auf den Ellenbogen legen, hochwerfen und mit den Händen fangen?
- Wer kann auf jedem Finger einen Goldtaler transportieren?
- Wer kann sich mit dem Po auf den Taler (das Knie auf den Taler, einen Ringfinger auf den Taler) setzen?
- Wer kann seinen Goldtaler zwischen Nase und Oberlippe halten?

Kreisspiele

Die Kinder setzen sich in einen großen Kreis. Die Spielleitung gibt den Kindern Wäscheklammern und folgende Anregungen:

- Die Kinder geben die Taler mit Hilfe von Wäscheklammern weiter.
- Die Kinder legen sich einen Taler auf die rechte Schulter. Dann nehmen sie den Taler von der rechten Schulter des rechten Nachbarkindes und legen ihn sich auf ihre rechte Schulter.
- Die Kinder schnipsen sich gegenseitig die Taler zu.

Geschenkversand

An Weihnachten freuen sich die Kinder am meisten über die Geschenke. Hier können sie erfahren, wie schwer es für den Weihnachtsmann bzw. das Christkind ist, die Geschenke an den Bestimmungsort zu bringen.

Förderung: Körpereigenwahrnehmung, Ausdauer, Kraft
Material: 1 Klappbox, 2 Seile, Kartons, Sandsäcke (oder andere schwere Gegenstände), Geschenkpapier
Alter: ab 3 Jahren
Vorbereitung: Kartons mit Sandsäcken oder schweren Gegenständen füllen und als Geschenke verpacken. An eine Klappbox links und rechts zwei lange Seile binden. Die Geschenke gleichmäßig auf beide Spieler verteilen.

Die Kinder helfen dem Weihnachtsmann. Sie bilden Paare und erhalten eine Klappbox mit Seilen daran. Jedes Kind hält ein Seilende in der Hand, die Klappbox steht bei einem Kind. Neben beiden Kindern stapelt sich die gleiche Menge Geschenkpakete. Das Kind an der Klappbox legt ein Geschenk in die Kiste. Das andere Kind zieht die Klappbox zu sich und legt ein weiteres Geschenk hinein. Dann zieht das andere Kind die Kiste zu sich. So wechseln sich die Kinder ab, bis die Kräfte nachlassen bzw. die Kiste voll ist.

Variante
Die Klappbox wird auf die gleiche Weise wieder ausgeräumt.

Handmotorik

Teelichttransport

Die Kinder lassen leuchtende Weihnachtsboote fahren.

Förderung: Kraftdosierung, Konzentration, Handmotorik
Material: pro Kind 1 lange Kordel (ca. 3 m), 1 Rundholz, 1 Bierfilz, 1 Teelicht; evtl. 1 kleine Schüssel, Wasser, 1 Schwimmkerze
Alter: ab 3 Jahren
Vorbereitung: Eine Kordel von etwa drei Metern Länge an einem Rundholz befestigen. An die andere Seite der Kordel einen Bierfilz knoten. Hierzu die Kordel durch ein kleines Loch im Bierfilz ziehen.

Zwei vorbereitete Bierfilze werden hinter eine Startlinie gelegt. Sie stellen die Boote dar. Die Schnur an den Booten wird ganz ausgerollt. In das Boot wird ein brennendes Teelicht gestellt. Die Kinder knien vor der ausgerollten Schnur und halten das Rundholz mit beiden Händen fest. Sie ziehen den Bierfilz vorsichtig auf sich zu, indem sie die Schnur um das Rundholz herum aufrollen. Das Kind mit der „schnellsten Kerze" gewinnt.

Variante für ältere Kinder
Das Spiel wird erschwert, wenn auf dem Bierfilz eine kleine Schüssel mit Wasser und einer Schwimmkerze steht.

Variante für jüngere Kinder
Jüngere Kinder sollten dieses Spiel ohne Wettkampfcharakter spielen. Sie benötigen für die Aufgabe viel Konzentration und Ruhe.

Alle an Bord

Der Weihnachtsmann steht am Ufer eines Flusses. Auf der anderen Seite wartet sein Rentier auf ihn. Wie soll er bloß den Fluss überqueren? Damit er keine nassen Füße bekommt, setzt er sich in ein kleines Boot.

Förderung: Kraftdosierung, Konzentration, Handmotorik
Material: 1 Rolle Kreppband, 1 kleines Plastikschiff bzw. 1 kleiner Karton, 1 Stoffweihnachtsmann, 1 Stock; evtl. Bausteine
Alter: ab 3 Jahren
Vorbereitung: Auf einen Tisch oder den Fußboden einen Flusslauf aus Kreppband kleben, und zwar gerade breit genug, damit das Weihnachtsboot hindurchfahren kann.

Die Weihnachtsfahrt geht los. Wer hat genug Geschick und bringt den Weihnachtsmann trockenen Fußes zu seinem Rentier? Nacheinander lenken die Kinder das Boot durch den Fluss. Hierzu dürfen sie nur einen Stock benutzen. Dies erfordert viel Geduld und manuelles Geschick. Vorsicht, das Weihnachtsmannboot darf nicht auf Land laufen!

Variante 1
Die Kinder bauen mit Bauklötzen hohe Brücken. Unter diesen schieben sie das Boot mit dem Weihnachtsmann hindurch.

Variante 2
Der Weihnachtsmann fährt ein Slalomrennen durch den Fluss und muss mit seinem Boot abwechselnd rechts und links Hindernissen (Bauklötzen) ausweichen.

Schattenspiel

Im Tannenwald ist es furchtbar dunkel. Doch plötzlich erscheint den Weihnachtsbären ein kleines Licht.

Förderung: Konzentration, Handmotorik, Auge-Hand-Koordination
Material: 1 großes Brett, ca. 10 Tannenbäume aus Pappe (➔ Vorlage), 1 Teelicht, 1 dicker Bunt- oder Bleistift, 1 Tüte Gummibärchen
Alter: ab 4 Jahren
Vorbereitung: Aus Pappe kleine Tannenbäume basteln und als eine Art Baumlabyrinth auf das große Brett stellen.

Im Raum ist es sehr dunkel. Es brennt nur ein kleines Teelicht. Hinter den Tannenbäumen hat sich ein Gummibärchen versteckt und will nicht entdeckt werden.

Ein Kind schließt die Augen. Ein anderes versteckt ganz leise ein Gummibärchen hinter einem Tannenbaum. Nun öffnet das erste Kind seine Augen wieder. Es lenkt das Teelicht durch das Baumlabyrinth und darf hierzu ausschließlich den dicken Bunt- oder Bleistift benutzen. Das erfordert viel Handgeschick und Konzentration. Die Kerze leuchtet dem Kind den Weg. Erscheint im Lichtkegel der Kerze ein Gummibärchen, darf es gegessen werden. Anschließend wird ein neues Bärchen versteckt.

Wichtellöschparade

Wichtelkinder sind auch einmal unachtsam. Da kann es bei dem vielen Kerzenschein zu Weihnachten passieren, dass etwas Feuer fängt. Aber selbst wenn das geschieht, ist es nicht ganz so schlimm, denn es gibt ja die Löschwichtel. Blitzschnell haben sie alles wieder im Griff.

Förderung: Auge-Hand-Koordination, Kraftdosierung, Zielgenauigkeit, Konzentration
Material: pro Kind 1 Kerze oder Teelicht, 2 Wasserpistolen (Einwegspritzen oder Wassertiere), Wasser, 2 Feuerzeuge, evtl. Handtücher, 2 Bänke, 2 Tische, 10 leere Dosen, 2 Teppichfliesen, 2 Wachstuchdecken
Alter: ab 5 Jahren (unter Aufsicht)
Vorbereitung: Startlinie festlegen. Zwei identische Parcours aufbauen, so dass jede Mannschaft die gleichen Hindernisse bewältigen muss. Den Tisch als Tunnel aufstellen, die Bank dahinter platzieren, fünf Dosen im Abstand von einem Meter aufstellen. An das Ende eine Teppichfliese legen. Im Abstand von zwei Metern ein Teelicht auf eine Wachstuchdecke stellen.

Löschwichtel sind sehr wichtig. Heute haben sie eine große Feuerwehrübung, damit sie für den Ernstfall gut gerüstet sind. Die Wichtel stehen in zwei gleichen Reihen hinter der Startlinie. Das erste Wichtelkind jeder Mannschaft hält eine Wasserpistole in der Hand. Los geht's! Unter dem Tisch durch und über die Bank balanciert. Als nächstes muss der schmale Weg durch die Dosen gefunden werden. Im Slalomlauf flitzen die Wichtel mal rechts, mal links an den Dosen vorbei. Aber Achtung! An der Teppichfliese wird gestoppt. Mit viel Konzentration versuchen die Wichtel, mit der Wasserpistole die Kerze zu löschen. Gelingt ihnen dieses, so rennen sie an der Seite des Parcours zurück und übergeben dem nächsten Kind die Wasserpistole. Die Spielleitung zündet in der Zwischenzeit die neue Kerze an. Die schnellere Mannschaft gewinnt.

Die Wichtelkinder möchten den Weihnachtsbaum schmücken. Aber alle Anhänger sind in den Schnee gefallen. Nur noch die Schlaufen schauen heraus. Mit Hilfe einer Zuckerstange angeln sie den Baumschmuck gemeinsam aus dem Schnee. Alle Anhänger werden in einer Weihnachtsschachtel gesammelt.

Weihnachtsfiguren angeln

Oh je, der Baumschmuck ist in den Schnee gefallen. Wer hat eine ruhige Hand?

Förderung: Auge-Hand-Koordination, Konzentration, Handmotorik
Material: 1 Plastikschüssel, weiße Styroporchips, ca. 15 Tannenbaumanhänger mit Schlaufen, pro Kind 1 Zuckerstange in Handstockform, 1 Weihnachtsschachtel
Alter: ab 3 Jahren
Vorbereitung: Eine Plastikschüssel bis kurz unterhalb des Randes mit Styroporchips füllen, Tannenbaumanhänger hinein stecken, so dass nur die Schlaufen herausschauen und Zuckerstangen bereitlegen.

Variante

Die Wichtelkinder sitzen auf ihren Knien in einer Reihe. Ein Wichtelkind angelt mit der Zuckerstange einen Weihnachtsanhänger aus dem Schnee und gibt ihn an die anderen Kinder weiter. Der letzte Wichtel legt ihn vorsichtig in die Schachtel.

Tipp

Dieses Spiel sollte ohne Wettkampfcharakter gespielt werden, da die Kinder sehr genau hinsehen müssen und viel Geschick und Ruhe benötigen.

Schneeballschlacht

Wer macht nicht gerne eine Schneeballschlacht? Hierbei üben die Kinder auch gleich, ein vorgegebenes Ziel zu treffen.

Förderung: taktile Wahrnehmung, Auge-Hand-Koordination, Figur-Grund-Wahrnehmung, Kraftdosierung
Material: Rasierschaum oder Fingerfarben, Watte, 1 Wasserschüssel, mehrere Handtücher, 1 Wandspiegel oder 1 Fensterscheibe; evtl. Gelsterne
Alter: ab 3 Jahren
Vorbereitung: Einen Wandspiegel oder eine Fensterscheibe als Zielscheibe festlegen und darauf mit Rasierschaum oder Fingerfarben eine winterliche Figur, z. B. einen Schneemann, malen. Eine Wasserschüssel und mehrere Handtücher in der Nähe der Abschusslinie bereitstellen.

Die Schneeballschlacht kann beginnen! Die Kinder stellen sich in ausreichendem Abstand zur Zielscheibe auf. Eine Wasserschüssel und mehrere Handtücher liegen dort bereit. Nacheinander tränkt jedes Kind einen kleinen Wattebausch mit Wasser, drückt ihn leicht aus und zielt auf die gemalte Figur. Wer trifft wo? Haben alle fleißig geworfen, nehmen die Kinder gemeinsam die geworfenen Wattebäusche wieder ab. Dabei müssen sie ganz genau hinsehen und wichtige von unwichtigen Reizen trennen.

Variante
Statt Watte können auch Gelsterne geworfen werden.

Tupfies

Mit dieser Technik lässt sich wunderschönes Geschenkpapier selbst herstellen.

Förderung: Handmotorik, Fingerschema, Auge-Hand-Koordination
Material: große Papierbögen, Fingerfarbe, alte Handtücher
Alter: ab 3 Jahren
Vorbereitung: Papier ausbreiten, Farbtöpfe aufstellen, Handtücher bereitlegen.

Die „Tupfie-Wichtel“ haben eine ganz besondere Aufgabe: Sie sind für das Geschenkpapier zuständig! Auf den Maltischen stehen viele Töpfe mit Fingerfarben. Zunächst betupfen die Wichtel die großen Blätter nur mit dem Daumen, dann mit dem Zeigefinger, dem Ringfinger und allen restlichen Fingern. Wer kann mit der Nase tupfen, wer mit Daumen und Zeigefinger gleichzeitig?
Jedes Kind darf sein Geschenkpapier mit nach Hause nehmen oder bekommt ein Stück von dem großen Bogen.

Tipp
Die Kinder können das Papier für kleine selbst gebastelte Geschenke an ihre Eltern verwenden oder für die Päckchen in einem Adventskalender.

Mein Goldtaler

Die Kinder stibitzen sich gegenseitig mit dosierter Kraft ihre Goldtaler.

Förderung: Handmotorik, Handkraft
Material: gefüllte Goldtaler; evtl. Nüsse
Alter: ab 4 Jahren

Die Kinder spielen zu zweit und erhalten als Paar einen Goldtaler. Ein Kind legt seine Hand auf den Goldtaler. Das andere Kind versucht, ihm den Taler abzuluchsen.

Variante 1
Ein Kind hält den Taler zwischen Daumen und Zeigefinger, das andere Kind benutzt die beiden Finger, um den Taler zu befreien.

Variante 2
Ein Kind hält den Goldtaler zwischen Daumen und Ringfinger. Der Dieb darf ebenfalls nur diese Finger nutzen.

Tipp
Dieses Spiel kann auch sehr gut mit Nüssen gespielt werden.

Kringelpost

Wer bekommt die Kringelpost? Ein beliebtes Spiel unter Wichtelkindern.

Förderung: Handmotorik, Handkraft
Material: Stäbchen (asiatische Essstäbchen), Weihnachtskringel (Schokoladenkränze oder andere Süßigkeiten, die ein Loch in der Mitte haben oder an einem Faden befestigt sind); evtl. Glöckchen oder Weihnachtsfiguren mit Anhängern
Alter: ab 3 Jahren

Die Kinder geben mit asiatischen Essstäbchen Weihnachtskringel weiter. Das ist gar nicht so einfach! Für wen ist die Post bestimmt? Derjenige, der die Oberhand gewinnt, darf den Kringel essen.

Variante
Sollen die Kinder keine Süßigkeiten essen, können sie auch weihnachtliche Gegenstände wie Glöckchen oder Weihnachtsfiguren an Bändchen weitergeben.

Wer trifft?

Handwerkswichtel müssen sehr genau arbeiten können. Bei diesem lustigen Spiel üben sie das exakte Zielen.

Förderung: Handmotorik, Zielgenauigkeit, Kraftdosierung
Material: Nüsse, Schüssel; evtl. Löffel, Rollbrett; evtl. Rahmengeschichte (➜ S. 33)
Alter: ab 4 Jahren

Die Spielleitung stellt eine Schüssel in die Mitte und legt Nüsse bereit. Die Kinder setzen oder stellen sich drum herum und werfen die Nüsse möglichst zielgenau in die Schüssel.

Rahmengeschichte
Interessanter wird es, wenn die Spielleitung eine Rahmengeschichte (➜ S. 33) erzählt. Sobald sie das Wort „Nuss“ oder „Nüsse“ erwähnt, dürfen die Kinder werfen.

Variante 1
Die Kinder werfen die Nüsse mit einem Löffel.

Variante 2
Schwieriger wird es, wenn die Schüssel auf einem Rollbrett (Schlitten) steht und zwischen zwei Kindern hin und her geschoben wird.

Es war einmal ein kleines Eichhörnchen mit dem Namen Willibald. Willibald aß am allerliebsten ***Nüsse****. Bevor der lange und kalte Winter kam, sammelte er ganz viele verschiedene* ***Nüsse. Walnüsse, Paranüsse, Erdnüsse, Haselnüsse,*** *Mandeln und noch allerlei andere Sorten von* ***Nüssen****. Und als es zu schneien begann, zog sich Willibald in seine Baumhöhle zurück und futterte alle* ***Nüsse*** *auf einmal auf. Nun war das Eichhörnchen satt und zufrieden.*
Als aber der Heilige Abend nahte, hatte Willibald nichts mehr zu essen. Nicht eine einzige ***Nuss*** *lag mehr in seiner Vorratskammer. Das kleine Eichhörnchen war hungrig. So hungrig, dass es manchmal schon von* ***Nüssen*** *träumte. Aber wo sollte es nach* ***Nüssen*** *suchen? Es war ja alles weiß und der kleine Kerl konnte einfach nichts Essbares mehr im Wald finden. Da wurde Willibald sehr traurig, denn hungrig wollte er nicht Weihnachten feiern. Und er begann zu weinen.*
Doch plötzlich hörte er in der Ferne ein Klingeln. Erst ganz leise und dann immer lauter. Willibald schaute zum Himmel. Zuerst sah er die rote Rentiernase – und dann landete doch tatsächlich der Weihnachtsschlitten mitten im Wald, genau vor seinem Baum! Der Weihnachtsmann stieg aus und schenkte Willibald drei Säcke voller ***Nüsse****. Das Eichhörnchen war überglücklich und bedankte sich für die* ***Nüsse****.*
Dies wurde für Willibald das schönste Weihnachtsfest, das er je gehabt hatte.

Kampf um die Nuss

Wichtelkinder haben viel Spaß, wenn sie sich gegenseitig mit dosierter Kraft eine Walnuss vom Löffel schubsen.

Förderung: Handmotorik, Kraftdosierung
Material: pro Kind 1 Esslöffel und 1 Walnuss
Alter: ab 4 Jahren

Jedes Wichtelkind bekommt einen Esslöffel und eine Nuss. Es spielen immer zwei Partner gegeneinander. Sie legen ihre Nuss auf den Löffel und versuchen, sich gegenseitig die Nüsse von den Löffeln zu werfen.

Springende Nüsse

Die Wichtelkinder üben in diesem weihnachtlichen Spiel zielgenau zu werfen.

Förderung: Handmotorik, Zielgenauigkeit, Kraftdosierung
Material: festes Zeichenblatt, Stern, viele Walnüsse; Kreppband, 1 dicker Filzstift
Alter: ab 3 Jahren
Vorbereitung: Auf ein Zeichenblatt einen Stern malen und diesen dicht an dicht mit Nüssen belegen.

Die Kinder stellen sich hinter eine Linie, von der aus sie drei Walnüsse in den Stern werfen dürfen. Alle Nüsse, die aus dem Stern herausspringen, darf das Kind behalten.

Variante
Die Sternzacken erhalten Wertigkeiten. Der Stern wird mit Kreppband in unterschiedliche Felder eingeteilt. Jedes Feld erhält mit dem Filzstift eine Punktzahl. Dazu werden die verschiedenen Punktzahlen mit Kreppband in die Zacken der Sterne auf den Fußboden geklebt. Der erste Wichtel wirft seine Nuss in den Stern und erhält die Punktzahl, auf der seine Nuss liegen bleibt.

Vorsicht heiß!

Gerade Engel backen zur Weihnachtszeit gerne Plätzchen. Geschickt und schnell müssen sie die Weihnachtsleckereien transportieren.

Förderung: Handmotorik, Kraftdosierung
Material: pro Mannschaft 1 Pfannenheber, 1 Backblech und 2 Teller, Plätzchen, Glocke; evtl. Hula-Hoop-Reifen, Keksdosen
Alter: ab 5 Jahren
Vorbereitung: Laufstrecke markieren

Die Engel stehen in zwei gleich großen Mannschaften hintereinander. Wenn die Signalglocke ertönt, laufen die ersten Engel einer jeden Mannschaft los. Zunächst heben sie mit dem Pfannenheber ein Plätzchen vom Backblech auf und balancieren es vorsichtig bis zum Ende der vorgegebenen Laufstrecke. Hier wird das Plätzchen auf einen Teller gelegt. Schnell laufen die Kinder zurück zu ihrer Mannschaft und geben den Pfannenheber an den nächsten Engel weiter. Die schnellere Mannschaft gewinnt.

Variante

Das Spiel wird erst richtig interessant, wenn die Engel Hindernisse zu überqueren haben. So müssen sie z. B. mit dem Plätzchen durch einen Reifen klettern, der von einem Helfer gehalten wird. Danach laufen sie im Slalom um aufgestellte Keksdosen. Am Ende wird das Plätzchen auf den Teller gelegt. Blitzschnell geht es zurück zur eigenen Mannschaft und der Pfannenheber wird an den nächsten Engel übergeben.

Sockenfieber

So viele Socken müssen zum Nikolausfest gewaschen werden! Nun liegt ein riesiger Haufen in der guten Stube und wartet darauf, sortiert und zusammengelegt zu werden.

Förderung: Handmotorik, Figur-Grund-Unterscheidung, Konzentration, Zielgenauigkeit
Material: mind. 20 Sockenpaare (möglichst jeweils 4 Socken in einer Farbe), 5 Kartons in den Farben der Socken; evtl. 40 Socken, 10 Kartons (für zwei Mannschaften)
Alter: ab 4 Jahren
Vorbereitung: Kartons bemalen und bereitstellen, Sockenpaare untereinander mischen.

Die Kinder suchen aus einem Haufen Socken jeweils zwei gleiche heraus und legen sie zusammen. Die zusammengelegten Strümpfe werfen sie in die farblich passenden Wäschekörbe. Wenn ein Sockenpaar sein Ziel verfehlt, wirft die Spielleitung dieses zurück.

Variante
Dieses Spiel kann auch als Wettspiel gespielt werden. Die Mannschaft gewinnt, die zuerst alle Socken in die richtigen Kartons geworfen hat. Hierzu werden die Socken und Kartons in doppelter Ausführung benötigt.

Tipp
Um viele unterschiedliche Strümpfe zu erhalten, bringen die Kinder ausgediente Sockenpaare mit.

Zucker-Handstock-Minigolf

Warum muss die Zuckerstange immer nur am Weihnachtsbaum hängen? Man kann sie auch prima zum Minigolfspielen verwenden.

Förderung: Handmotorik, Figur-Grund-Unterscheidung, Konzentration, Fantasie
Material: Bauklötze, Ton oder Knete, pro Kind 1 Zuckerstange in Handstockform und 1 Murmel; Tannengrün, Lichterketten
Alter: ab 3 Jahren
Vorbereitung: Die Kinder bauen aus Ton oder Knete Minigolfbahnen. Es können gerade Bahnen entstehen, aber auch Bahnen mit Brücken oder Tunneln. Auf einigen Bahnen müssen Hindernisse aus Bauklötzen umwunden werden. Die Kinder bestimmen die Regeln und das Ziel ihrer erfundenen Minigolfbahn.

Spiel
Mit der gebogenen Zuckerstange, die als Minigolfschläger dient, schubsen die Kinder ihre Murmel an. Wer trifft ins Ziel?

Variante
Es entsteht ein ganzer Weihnachtsminigolfplatz. Zwischen die Bahnen werden Tannenzweige gestellt, die mit Lichterketten beleuchtet sind. Eine tolle Überraschung zur Weihnachtsfeier mit den Eltern.

Tipp
Kinder sind bei dieser Aktion enorm kreativ und benötigen ausreichend Zeit.

Weihnachtliche Fingerspiele

Fingerspiele eignen sich besonders, um die Handmotorik zu schulen. Sitzen die Kinder vielleicht sogar bei Kerzenschein, entsteht adventliche Stimmung und alle konzentrieren sich noch besser auf ihre zehn Finger.

Förderung: Tastsinn, Merkfähigkeit, soziale Kompetenz
Material: –
Alter: ab 3 Jahren
Vorbereitung: Text der Fingerspiele lernen oder bereithalten

Plätzchendieb

Die Mutter backt Plätzchen.
Sie rollt und rührt.
(Daumen zeigen.)

Marie holt die Milch und den Zucker.
Natürlich brauchen wir auch etwas Butter.
(Zeigefinger zeigen.)

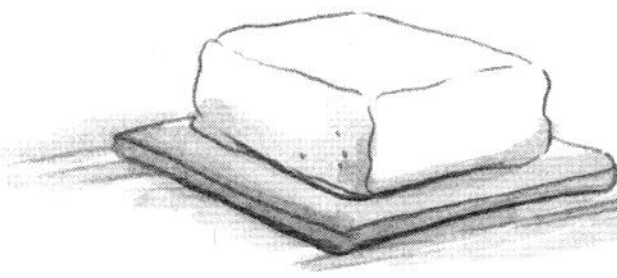

Fritzchen bringt den Zimt.
Das schmeckt gut, ganz bestimmt!
(Mittelfinger zeigen.)

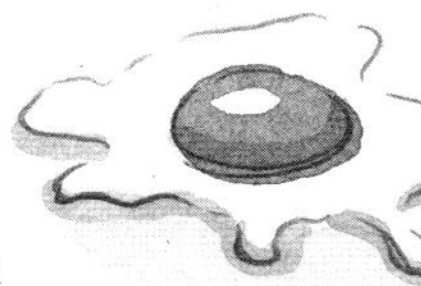

Zum Schluss schlägt Jan ein Ei
Oh Mist – vorbei!
(Ringfinger zeigen.)

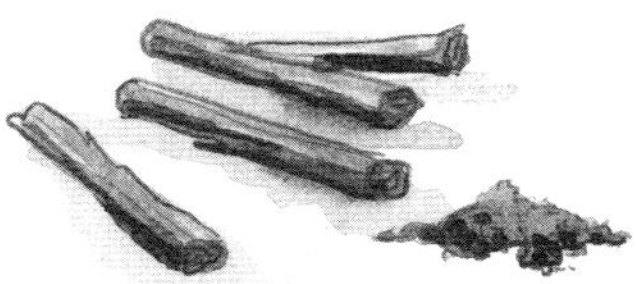

Da kommt ein kleines Naschkätzchen
und stibitzt alle Plätzchen!
(Kleinen Finger zeigen.)

Im Tannenwald zur Weihnachtszeit

✳ Durch den Tannenwald zur Weihnachtszeit
(Mit beiden Händen ein Dreieck formen.)
sucht der Weihnachtsmann den Weg.
(Daumen zeigen.)
Schaut nur, wie es draußen weht.
(Mit den Händen wedeln.)

✳ Auch der Bär sitzt im Wald
und fragt: „Kommt der Weihnachtsmann denn bald?"
(Zeigefinger zeigen.)

✳ „Nein", sagt der Uhu, „wir müssen noch warten.
Wann er wohl kommt – wollen wir raten?"
(Mittelfinger zeigen.)

✳ Das Eichhörnchen sagt sodann,
„Jetzt fängt es auch noch zu schneien an."
(Ringfinger zeigen.)

✳ Da ruft die kleine Maus ganz laut:
„Ich seh seine Zipfelmütze, oh schaut!"
(Kleinen Finger zeigen.)

✳ Und schon kommt der Weihnachtsmann hinter dem Berg hervor.
(Eine Zipfelmütze andeuten und wackeln lassen.)
Man hört ihn stapfen,
(Mit den flachen Händen auf die Beine schlagen.)
seid mal ganz Ohr!
(Hand an das Ohr legen.)

✳ Jetzt gibt's Geschenke
(Geschenke mit beiden Händen formen.)
für Groß und Klein.
(Groß und Klein zeigen.)
Zu Weihnachten ist niemand gerne allein.
(Umarmung andeuten.)

Der Daumen ist der Weihnachtsmann

✳ Der Daumen ist der Weihnachtsmann,
hat einen roten Mantel an.
Er fragt die Kinder weit und breit:
„Was macht denn ihr zur Weihnachtszeit?“
(Daumen zeigen.)

✳ Als erster kommt der Zeigefinger.
Er bastelt so manche schöne Dinger.
(Zeigefinger zeigen.)

✳ Der Mittlere ist ein großer Wicht.
Er lernt zum Fest schnell ein Gedicht.
(Mittelfinger zeigen.)

✳ Ringfinger ist als nächster dran.
Er zündet eine Kerze an.
(Ringfinger zeigen.)

✳ Am Ende steht das kleine Mätzchen.
Es backt ganz wunderschöne Plätzchen.
(Kleinen Finger zeigen.)

✳ So ist es in der Weihnachtszeit.
Ein jeder macht sich nun bereit.
(Mit allen Fingern winken.)

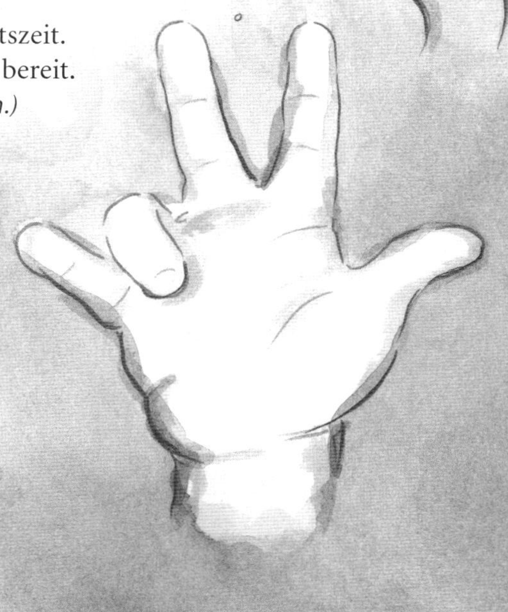

Fünf Finger spielen Weihnachtstheater

Die Kinder knien auf dem Fußboden und legen ihre Hände auf den Rücken. Die Spielleitung beginnt zu erzählen:

Auf unserer Bühne ist es noch ganz leer. Bevor die Weihnachtsvorführung beginnt, möchten die Theaterspieler gerne einen Applaus!

(Laut in die Hände klatschen.)

Pssst! Es geht los. Seid ganz leise

(Zeigefinger auf den Mund legen.)

Bevor die Vorführung beginnt, erscheinen die dicken Sauberwichtel.

(Beide Daumen zeigen.)

Sie machen noch schnell die Bühne sauber.

(Mit den Daumen fegen.)

Es wird wieder leise

(Zeigefinger auf den Mund legen.)

Auf der Bühne erscheinen Fritz und Anton, die Weihnachtswichtel.

(Beide Zeigefinger zeigen.)

Die zwei tanzen langsam umeinander herum

(Zeigefinger umeinander kreisen lassen.)

und schwupp, da sind sie wieder weg.

(Die Hände verschwinden hinter dem Rücken.)

Was passiert jetzt?

Auf die Bühne kommen Max und Willy.

(Mittelfinger zeigen.)

Die Wichtelmänner zeigen Kunststücke und steigen aufeinander.

(Mittelfinger steigen abwechselnd aufeinander, mal ist der eine oben, mal der andere.)

Schwupp, da sind sie wieder weg!

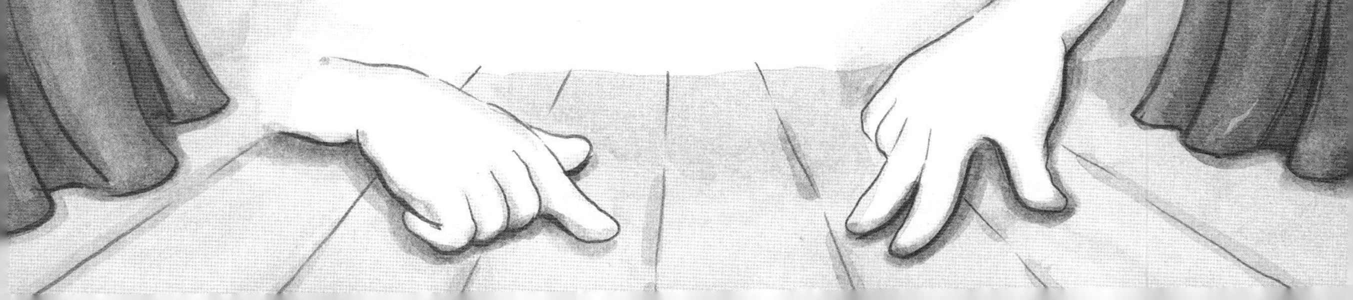

(Hände verschwinden hinter dem Rücken.)
Auf der Bühne erscheinen Stumpi und Karl,
die starken Ringwichtel.
(Beide Ringfinger zeigen.)
Sie drücken und schieben gegeneinander.
Wer wohl gewinnt?
(Ringfinger drücken gegeneinander.)
Applaus, Karl hat gewonnen.
(Rechten Ringfinger zeigen.)
Wir nähern uns dem Höhepunkt der Vorführung.
Auf die Bühne treten die kleinen Flitzewichtel.
(Kleinen Finger zeigen.)
Erst machen sie sich ganz gerad,
(Kleinen Finger strecken.)
dann hopsen sie wie durch Pfützen,
(Kleine Finger hüpfen.)
dann schlagen sie ein Rad
(Kleine Finger drehen sich umeinander herum.)
und zum Schluss wackeln sie mit ihren Zipfelmützen.
(Kleine Finger zappeln.)
Am Ende gibt es noch mal einen Riesenapplaus
(In die Hände klatschen.)
und alle Theaterspieler kommen auf die Bühne heraus.
(Alle Finger krabbeln auf die Bühne.)
Sie verbeugen sich
(Alle Finger zeigen und ein- und ausrollen.)
und sagen: „Tschüß!“
(Hände verschwinden wieder.)

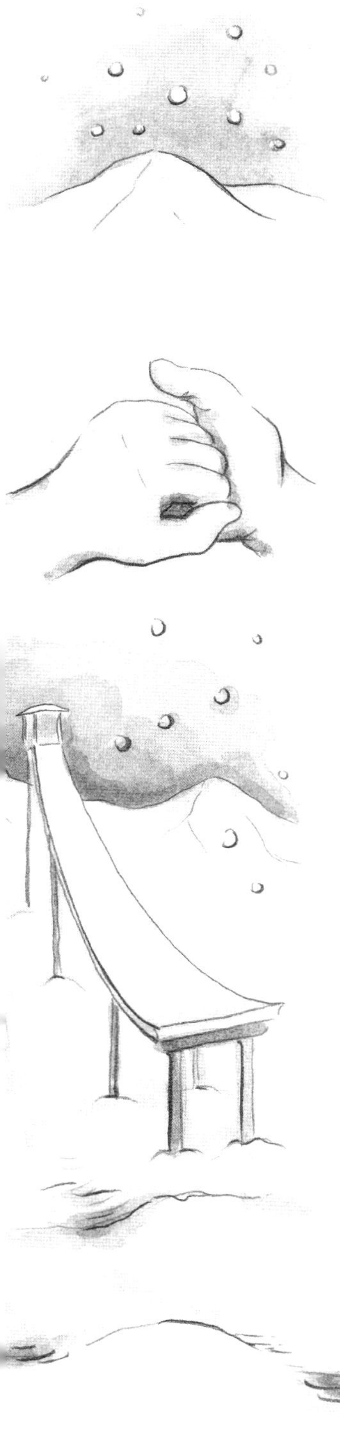

Zehn Finger treten zum Wintersport an

Zunächst müssen sich die Finger warm machen.
(Finger bewegen sich schnell.)

Nun wollen die Zeigefinger Schlittschuh laufen.
(Finger fahren im Kreis und drehen sich umeinander.)

Jetzt wollen die Finger rodeln.
Sie steigen den Berg hinauf
(Zwei Finger steigen eine imaginäre Treppe hinauf.)
und rodeln hinunter.
(Flache Hand macht eine schnelle Abwärtsbewegung.)

Weil ihnen kalt geworden ist,
müssen sich die Finger aufwärmen.
(Hände aneinander reiben.)

Nun steigen die Finger auf einen hohen Berg.
(Rechten Daumen auf den linken Zeigefinger legen, linken Daumen auf rechten Zeigefinger legen und abwechselnd hin und her bewegen und hochsteigen lassen)
Sie beugen sich vor
(Finger der Hand beugen.)
und fahren mit Schwung die Sprungschanze hinab.
(Hände bewegen sich mit Schwung abwärts.)

Nun wollen die Finger Slalom fahren.
Sie stehen oben auf dem Berg.
(Linken Arm heben, die Finger des rechten Arms an die Spitze des Arms setzen.)
Nun geht es hinab – mal links rum und mal rechts rum.
(Finger bewegen sich in Schlangenlinien den Arm hinab.)

Beim Eishockey geht's richtig rund.
Jeder will den Puck haben und ins Tor bringen.
(Finger „kämpfen" miteinander.)

Am Abend sind die Finger müde von dem langen Tag
und legen sich schlafen.
(Finger legen sich flach aufeinander.)

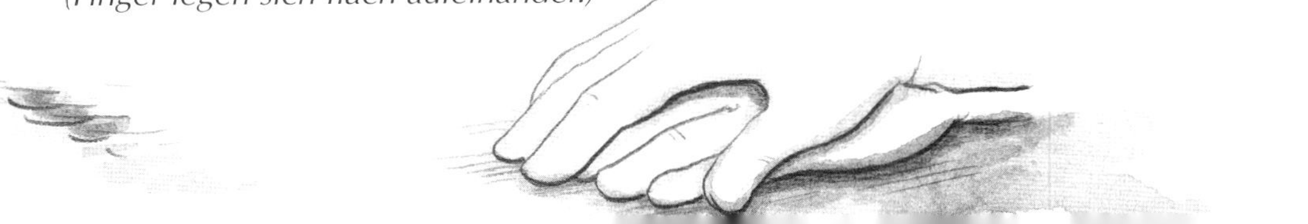

Schneevergnügen

✳ Schneeflocken fallen.
(10 Finger rieseln wie Flocken von oben nach unten.)
Sie legen sich ins Tal.
(Von der Mitte her mit flachen Händen nach außen ziehen.)
Die Welt wird weiß.
(Rechten und linken Unterarm aufeinander legen und auf die Erde drücken.)
Die Welt wird leis'.
(Zeigefinger auf den Mund legen.)

✳ Aus dem Haus
(Haus mit Händen darstellen.)
kommen viele kleine Wichtel raus.
(Alle Finger tapsen nach vorne.)
Der erste, der dicke,
(Daumen zappelt.)
läuft nach Haus
(Daumen läuft.)
und holt seinen Schlitten raus.
Er fährt zickzack
(Daumen fährt zickzack.)
den Berg hinab.
(Linken Arm schräg halten als Berg.)

✳ Die zweiten, die langen,
(Zeigefinger zappeln.)
nehmen die Schuh mit Kufen dran.
(Zeigefinger fahren Schlittschuh.)
Hui sind die schnell, Mann o Mann!

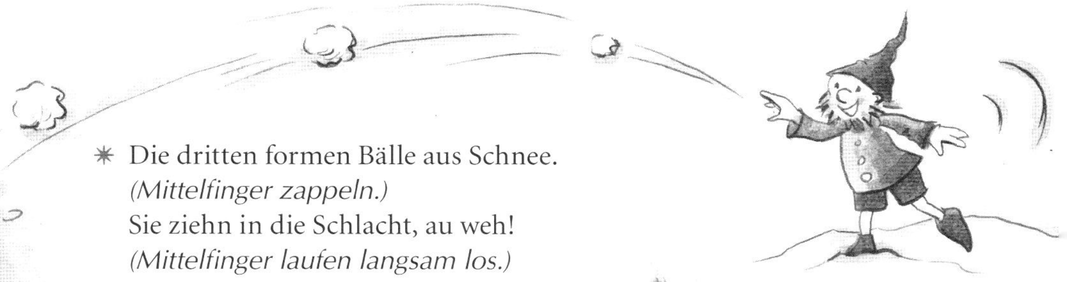

✳ Die dritten formen Bälle aus Schnee.
(Mittelfinger zappeln.)
Sie ziehn in die Schlacht, au weh!
(Mittelfinger laufen langsam los.)
Zieht lieber eure Köpfe ein.
(Kopf zwischen die Schultern ziehen.)
Ein Ball auf der Nase, das ist nicht fein.
(Auf die Nase tippen.)

✳ Die vierten bauen einen Schneemann.
(Ringfinger zeigen.)
Sie haben viel zu tun,
(Stirn mit der Hand wischen.)
sie rollen und rollen
(Finger umeinander rollen.)
und schuften und tun.
(Finger weiter rollen lassen.)
Bald ist der Schneemann fertig und alle können ruhn.
(Schneemann in die Luft zeichnen.)

✳ Die fünften, die ganz kleinen,
(Kleine Finger zeigen.)
die haben keine Lust.
(Kopf schütteln.)
Sie legen sich in den Schnee
und gucken in die Luft.
(Kleine Finger auf den Tisch legen und in die Luft gucken.)

Schneeballschlacht

Zehn Finger spielen im Schnee. Der Zeigefinger wirft einen Schneeball. In großem Bogen trifft er auf den Kopf des Ringfingers.
„Was soll denn das? Wer bewirft mich hier?“
Der Ringfinger schüttelt sich und wirft einen Schneeball in großem Bogen auf die Nase des Daumens.
„He, aufhören“, ruft der Daumen. Schnell nimmt er einen Schneeball und wirft ihn auf das Ohr des kleinen Fingers.
„Spinnst du? Na warte, du Schuft!“
Er nimmt einen Schneeball und wirft ihn auf die Haare des Mittelfingers.
„Das bekommst du wieder! Renn lieber weg!“, ruft dieser.
In großem Bogen wirft er seinen Schneeball auf die Wange des Ringfingers. …

Dieses Spiel kann so immer weiter fortgeführt werden.

Visuelle Wahrnehmung

Luftiges Weihnachtskino

An kalten Winterabenden gehen die Wichtel gerne ins Weihnachtskino. Lustige Bilder fliegen durch die Luft.

Förderung: visuelle Wahrnehmung, Konzentration, Auge-Hand-Koordination
Material: 1 Luftballon, 1 wasserfester Stift
Alter: ab 4 Jahren
Vorbereitung: Einen Luftballon aufblasen und mit zehn weihnachtlichen Motiven (z. B. Kerze, Glocke, Tannenbaum) bemalen.

Die Wichtel stellen sich in einem Kreis auf. Der Oberwichtel bringt den bemalten Luftballon ins Spiel, der nun von Wichtel zu Wichtel geworfen wird und den Boden nicht berühren darf. Jedes Mal, wenn ein Kind den Ballon weiterschubst, schaut es ihn genau an und ruft den Namen des Bildes, das es erkennen kann, laut in die Runde.
Sind die Wichtel vom Spielen erschöpft, setzen sie sich zusammen auf den Boden. Der Oberwichtel versteckt den Luftballon hinter seinem Rücken und fragt: „Welche Bilder habt ihr erkennen können?" oder „An was erinnert ihr euch?"

Tipp

Dieses Spiel eignet sich gut, um etwas Pepp in eine Adventsfeier zu bringen.

Wer hat den Weihnachtsmann an der Strippe?

Damit jedes Kind das richtige Geschenk zu Weihnachten bekommt, muss der Weihnachtsmann hin und her telefonieren.

Förderung: visuelle Wahrnehmung, Figur-Grund-Unterscheidung
Material: 3 kleine Figuren (z. B. Haus, Rentier, Engel), 1 kleine Weihnachtsmannfigur, Wolle, Schere; evtl. kleine Tiere und etwas, womit diese Tiere gefüttert werden können
Alter: ab 3 Jahren
Vorbereitung: Von der Wolle drei lange Fäden abschneiden. Auf eine Fläche mehrere Wollfäden so legen, dass sie sich an verschiedenen Punkten kreuzen. An das Ende eines jeden Fadens eine kleine Figur stellen. Die Fäden stellen Telefonkabel dar.

Die Kinder schließen die Augen. Ein Kind stellt die Weihnachtsmannfigur an das freie Ende eines der Fäden. Nun fragt der Weihnachtsmann: „Mit wem telefoniere ich?" Die Kinder folgen mit den Augen dem entsprechenden Faden. Erst wenn alle Kinder genug Zeit hatten, um die Spur zu finden, darf eines der Kinder laut sagen, wie sie verläuft.

Tipp
Der Schwierigkeitsgrad wird durch die Anzahl und die Länge der Fäden bestimmt. Bei ganz jungen Kindern sollten die Fäden unterschiedliche Farben haben.

Variante für jüngere Kinder
Jüngere Kinder dürfen dem Faden mit dem Finger folgen.

Variante 2
Die Aufgabe kann auch heißen: „Was frisst welches Tier?" Es werden drei verschiedene Tierfiguren auf den Tisch gestellt. Etwa ein Eichhörnchen, ein Bär und eine Maus. Die Tiere werden durch Fäden, die sich wie im oben beschriebenen Spiel an verschiedenen Stellen kreuzen, mit ihrer Nahrung verbunden. So könnte das Eichhörnchen eine Nuss fressen, der Bär an einem kleinen Gläschen mit Honig schlecken und die Maus ein Stück Käse knabbern. Die Kinder folgen visuell der Schnur und finden so die Lösung.

Ach, du dicke Socke

Es ist kurz vor dem Nikolaustag und alle Socken sind durcheinander geraten. Wer hilft dem Nikolaus, Paare zu finden?

Förderung: Konzentration, visuelle Wahrnehmung, Chronologie, Feinmotorik
Material: 1 Wäscheleine, ca. 60 Sockenpaare, ca. 120 Wäscheklammern, Korb; evtl. kleine Geschenke
Alter: ab 5 Jahren
Vorbereitung: Um auf die große Anzahl der Socken zu kommen, bringen die Kinder einige Tage vor dem Spiel ausrangierte Sockenpaare mit. Es ist spannend zu sehen, wie viele Sockenpaare dabei zusammenkommen. Die Kinder entwickeln hierbei erfahrungsgemäß großen Ehrgeiz. Direkt vor dem Spiel eine Wäscheleine aufspannen oder Helfer bitten, sie festzuhalten. Die Socken in der Mitte des Raumes auf einen großen Haufen legen. Einen Korb mit Wäscheklammern bereitstellen.

Kurz vor dem Nikolaustag sind alle Socken beim Waschen durcheinander geraten. Nun müssen alle dem Nikolaus helfen: Die Kinder bilden zwei Mannschaften. Achtung, fertig, los! Die ersten Kinder rennen los. Blitzschnell suchen sie zwei passende Socken zusammen und hängen sie nebeneinander an die Wäscheleine: die Kinder der linken Mannschaft auf die linke Seite der Wäscheleine, die Kinder der rechten auf die rechte. Dann laufen sie sofort zurück und klatschen das nächste Kind ab. Welche Mannschaft hat am Ende die meisten Sockenpaare auf der Leine?

Variante

Wenn die Socken sortiert an der Leine hängen, belohnt der Nikolaus die Kinder für die gute Arbeit. So versteckt er in jeder Socke ein kleines Geschenk. Die Kinder dürfen die Socken befühlen. Wenn sie meinen, ein für sie passendes Geschenk ertastet zu haben, dürfen sie diese Socke von der Leine nehmen. Jedes Kind darf nur eine Socke abnehmen.

Strohsternsuppe

Die Kinder nehmen selektiv wahr, indem sie ähnliche Strohsterne sortieren.

Förderung: visuelle Wahrnehmung, Figur-Grund-Unterscheidung
Material: viele verschiedene und auch gleiche Strohsterne, 1 großer Suppentopf
Alter: ab 4 Jahren
Vorbereitung: Die Strohsterne in einen großen Suppentopf legen.

Wer hat die Strohsterne in den Suppentopf geworfen? Bevor sie an den Weihnachtsbaum gehängt werden können, müssen sie in Windeseile sortiert werden! Die Kinder ordnen die Sterne auf ihre Weise. Wer hat am Ende die meisten gleichen Strohsterne gefunden?

Backformmemory

Vor dem Plätzchenbacken müssen die Backformen geordnet und Paare gefunden werden. Wer hilft mit?

Förderung: visuelle Wahrnehmung, Figur-Grund-Unterscheidung
Material: 30–50 Ausstechförmchenpaare
Alter: ab 5 Jahren
Vorbereitung: Die Ausstechförmchen vermischt auf einem Tisch oder dem Fußboden verteilen.

Die Kinder ordnen die unterschiedlichen Ausstechförmchen und suchen nach Paaren. Diese sammeln sie zunächst und legen sie später nebeneinander an einen gesonderten Ort.

Variante
Bei einer Adventsfeier spielen die Kinder in zwei Mannschaften, die gegeneinander antreten.

Weihnachtssammelsurium

So ein Durcheinander! Christbaumschmuck, Sterne, Nüsse, ... Wer sortiert am schnellsten?

Förderung: visuelle Wahrnehmung, Figur-Grund-Unterscheidung
Material: mehrere Kisten mit Weihnachtskrimskrams (Figuren, Strohsterne, Kerzen, Nüsse, Zapfen, Edelsteine, Glitzersterne)
Alter: ab 3 Jahren
Vorbereitung: Kisten mit weihnachtlichen Gegenständen je nach Anzahl der Mitspieler bereitstellen.

Wer kennt nicht die Weihnachtskisten, in denen sich die Schätze der letzten 20 Jahre befinden? Kleine Kinder haben Spaß daran, die Dinge einfach zu sortieren und anzusehen.

Variante für ältere Kinder
Für ältere Kinder eignet sich das Sortieren als Mannschaftsspiel. Je nach Größe der Gruppe werden mehrere Mannschaften gebildet. Jede Mannschaft erhält eine Kiste. Wer hat seine Kiste zuerst sortiert?

Chaos

Die Weihnachtspost ist durcheinander geraten. Wer hilft, sie zu sortieren?

Förderung: visuelle Wahrnehmung, Konzentration
Material: 25–40 Brief- oder Postkartenpaare
Alter: ab 4 Jahren
Vorbereitung: Brief- und Postkartenpaare bilden, z. B. jeweils zwei Briefumschläge der gleichen Größe gleich beschriften. Es können auch farblich unterschiedliche Umschläge verwendet werden. Viele Karten und Umschläge kommen zusammen, wenn die Kinder gleiche Paare von Zuhause mitbringen. In Großpackungen mit Weihnachtskarten befinden sich viele Karten mit identischen Bildern.

In der Wichtelstube ist die Weihnachtspost durcheinander geraten. Alle Briefe und Karten müssen neu geordnet werden! Es sind immer zwei gleiche Briefe oder Karten vorhanden. Nun geht's los! Wer die meisten Paare hat, hat gewonnen!

Tipp

Da immer jeweils zwei gleiche Karten oder Briefe vorhanden sein müssen, ist es auch möglich (besonders bei älteren Kindern) Briefumschläge mit gleichen Adressaten oder Empfängern zu beschriften.

Kerzenmemory

Oh, wie das leuchtet! Wer entdeckt zwei gleiche Wunschlichter und kann sie geschickt löschen?

Förderung: visuelle Wahrnehmung, Merkfähigkeit, Selbstwertgefühl
Material: 8–12 Kerzenpaare (die sich jeweils in Farbe, Größe, Form und Duft unterscheiden), 1 Löschglocke
Alter: ab 3 Jahren
Vorbereitung: Auf einem Tisch verschiedene Kerzenpaare möglichst am Rand verteilen, damit sie gut zu erreichen sind. Die Spielleitung zündet die Kerzen an.

Auf einem Tisch stehen viele verschiedene brennende Kerzenpaare gut vermischt am Tischrand. Die Kerzen unterscheiden sich in Farbe, Größe, Form und Duft. Ein Kind geht um den Tisch herum und sucht sich zwei gleiche Kerzen aus, die es mit der Löschglocke löschen darf. Dabei hilft ein Erwachsener und passt gut auf. Dann gibt es die Glocke weiter und ein anderes Kind versucht sein Glück.

Variante für jüngere Kinder
Jüngere Kinder ordnen nicht brennende Kerzen einander zu.

Wer füllt den Sack?

Wichtelkinder müssen erst lernen, einen Weihnachtssack richtig zu packen. Der Weihnachtsmann entscheidet, was in den Sack gehört, und die Wichtel versuchen ihn vollständig zu füllen.

Förderung: visuelle Wahrnehmung, Figur-Grund-Unterscheidung, Auge-Hand-Koordination, Kraftdosierung
Material: kleine weihnachtliche Gegenstände (z. B. Goldtaler, Dominosteine, Tannenzapfen, Sterne), 1 Kordel pro Kind
Alter: ab 5 Jahren
Vorbereitung: Weihnachtliche Gegenstände auf einem Tisch verteilen, Kordeln bereitlegen.

Auf dem Tisch liegen sehr viele kleine Gegenstände. Jeder Wichtel bekommt eine Kordel. Der Weihnachtsmann stellt dem ersten Kind eine Aufgabe, z. B. „In deinen Sack müssen zwei Sterne, ein Taler und ein Dominostein". Der erste kleine Wichtel schaut, ob er die gewünschten Dinge irgendwo auf dem Tisch entdeckt. Dann legt er die Kordel darum und schließt sie ein. Aber Vorsicht! Die Gegenstände auf dem Tisch dürfen nicht verrückt werden!
Ist die Aufgabe gelöst, bekommt das nächste Wichtelkind seine Aufgabe.

Hören

Das Rentier August

An Weihnachten erlebt das Rentier August so allerhand. Konzentriert hören die Kinder zu und reagieren entsprechend.

Förderung: Zuhören, Aufmerksamkeit, Reaktion
Material: mind. 20 Zollstöcke, Glassteine, Teller, Lebkuchenherzen; evtl. 1 großes Blatt, 1 Bleistift
Alter: ab 8 Jahren
Vorbereitung: Zollstöcke verteilen, Geschichte bereithalten. Einen Teller mit Lebkuchenherzen vorbereiten und am Ende der Geschichte in das Zollstockherz stellen. Eventuell auf dem großen Blatt ein Rentier vorzeichnen.

Die Kinder bilden Paare, verteilen sich im Raum und erhalten die Aufgabe, jeweils zu zweit aus den Zollstöcken eines der folgenden Bilder zu erstellen: ein Rentier, ein Geweih, die Zahl 5, ein Geschenk, eine Kerze, eine Uhr, eine Kirche, einen Baum, einen Stern, ein Boot, ein Haus, ein Herz. Zwischen den Bildern muss genug Platz bleiben, damit die Kinder außen herum laufen können.
Jedes Kind erhält einige Glassteine.
Die Spielleitung liest die Geschichte vom Rentier August langsam vor. Die Kinder bewegen sich während des Zuhörens leise durch den Raum. Immer, wenn die Kinder ein Wort, welches in der Geschichte vorkommt, einem Zollstockbild zuordnen können, gehen sie zu diesem Bild und legen einen Stein darauf.
Am Ende der Geschichte freuen sich alle und laufen zum Zollstockherz. Hier wartet ein Teller mit Lebkuchenherzen auf die Kinder.

Tipp
Das Rentier kann auch auf einem großen Blatt vorgemalt werden, sodass für das Bild nur das Geweih angesetzt werden muss.

*Es war einmal ein kleines **Rentier** mit einem ganz großen **Geweih.** Das Rentier hieß August.*
*August war **fünf** Jahre alt. Er war ein nettes Rentier, klug, freundlich und fleißig.*
*In diesem Jahr sollte August dem Weihnachtsmann helfen, die **Geschenke** zu verteilen. August war so stolz, denn im letzten Jahr war er noch zu klein dafür gewesen.*
*Am Abend vor dem 24. Dezember zündete er sich eine **Kerze** an. Er stellte sich vor, wie es wohl sein würde, mit dem Weihnachtsschlitten durch die Luft zu fliegen. Er träumte so vor sich hin und wurde ganz müde.*

Als August am nächsten Tag aufwachte, war es schon hell. Er schaute auf die **Uhr** und rief: „Oh nein, ich habe verschlafen!“ Er rannte in den Frühstücksraum, aber alle waren schon weg.

August wurde traurig und begann zu weinen. Aber das hilft ja auch nichts, dachte er. Was sollte er tun?

Als erstes schaute er in der **Kirche** vorbei. Aber da war auch keiner mehr.

Vielleicht sind sie noch beim großen **Baum.** Das sollte der Treffpunkt für die Abreise sein. Aber auch da war niemand mehr.

Gut, sagte sich August, dann mach ich mich jetzt auf den Weg und suche den Weihnachtsmann. Irgendwo muss er ja schließlich sein. Und er lief einfach los. Und er lief und lief und lief.

Langsam wurde es dunkel und vom Weihnachtsmann war noch immer keine Spur zu entdecken. August hatte Hunger und Durst, und müde war er auch.

Plötzlich hörte er eine Stimme. „He, du da unten. Was tust du da?“ August blickte nach oben und sah einen großen leuchtenden **Stern** am Himmel. „Ich suche den Weihnachtsmann. Ich sollte ihm helfen, aber ich habe verschlafen. Ich suche schon den ganzen Tag und kann ihn nicht finden.“ Schon wieder kullerten August die Tränen über die kalten Rentierwangen.

„Von hier oben kann ich alles gut sehen. Ich helfe dir!“ Nach einer kleinen Pause hörte er die Stimme wieder. „Warte mal, ich hab ihn entdeckt. Ich bringe dich hin, es ist nicht mehr weit.“

Der Stern leuchtete August den Weg. Und August rannte ihm voller Freude nach.

„Halt!“ rief der Stern, „Stopp mal – kannst du schwimmen?“

„Nein, nicht besonders gut“, antwortete August.

„Du musst über den Fluss, aber da liegt ein **Boot**. Steig dort hinein!“

Und August kletterte ins Boot und setzte auf die andere Seite des Flusses über.

Dann rannte das Rentier weiter, immer weiter, bis es vor einem kleinen **Haus** stand.

„In diesem Haus ist der Weihnachtsmann. Du musst nur hinein gehen“, sagte der Stern. August bedankte sich und flitzte los.

Der Weihnachtsmann sah August und rief, „Oh August, da bist du ja endlich. Wir haben dich schon vermisst.“

Er nahm das Rentier in die Arme und freute sich von ganzem **Herzen,** dass er August jetzt bei sich hatte.

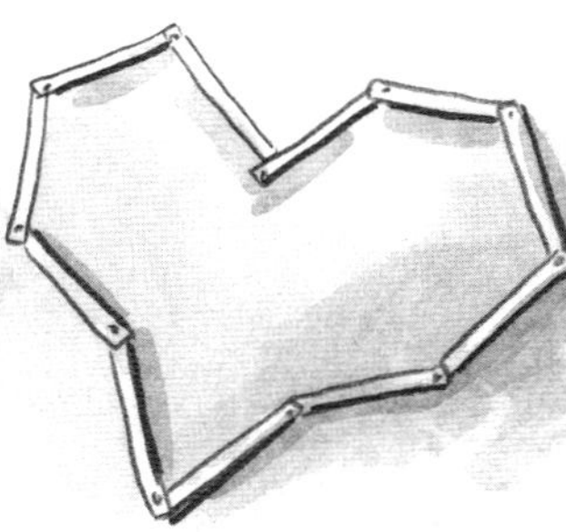

Rentier, wo bist du?

Ein kleiner Wichtel muss durch Hören sein Rentier finden.

Förderung: räumliches Hören, Konzentration
Material: 1 klingendes Rentiergeweih (evtl. erhältlich in Restpostenmärkten) oder 1 Glöckchen zum Umbinden, 1 Wichtelmütze, evtl. Kekse, Nüsse oder Bonbons (als Rentierfutter)
Alter: ab 6 Jahren
Vorbereitung: Ein überschaubares Spielfeld mit Kreppband markieren, das Rentiergeweih und evtl. Futter bereitstellen.

Ein Wichtel und ein Rentier werden benannt. Der einsame hungrige Wichtel (ein freiwilliges Kind mit einer Wichtelmütze) steht im Spielfeld. Alle anderen Wichtel sind schon daheim und ruhen sich bei ihren Wichtelfrauen aus, nur diesen kleinen Kerl haben sie vergessen, auf ihrem großen Schlitten mitzunehmen. Der Wichtel schließt müde die Augen und schläft ein.

Plötzlich kommt ein Rentier mit einem klingenden Geweih in das Spielfeld gesprungen. Es sieht den Wichtel und schleicht neugierig um ihn herum. Irgendwann bleibt es stehen und schüttelt sein Geweih.
Durch das Geräusch wird der kleine Wichtel wach, hält aber die Augen geschlossen und zeigt mit ausgestrecktem Arm und ausgestrecktem Zeigefinger in die Richtung, aus der das Geräusch kommt. Stimmt die Richtung nicht, schüttelt das Rentier erneut seinen Kopf, und der kleine Wichtel hat eine neue Chance. Hat der Wichtel die Richtung erkannt, lässt das Rentier den Wichtel auf seinem Rücken nach Hause reiten.

Tipp

Zur Belohnung gibt das Rentier etwas von seinem Rentierfutter ab.

Versteckte Kekse

Wo sind denn nur die Weihnachtsplätzchen? Musik weist den Weg zu den verlorengegangenen Leckereien.

Förderung: räumliches Hören
Material: 1 „singende Keksdose" (Dose mit Spieluhr), Weihnachtsplätzchen; evtl. Kassettenrekorder, Weihnachtsmusik, kleine Schale mit Präsenten
Alter: ab 4 Jahren
Vorbereitung: Keksdose mit Weihnachtsplätzchen füllen.

Ein Kind verlässt das Zimmer. Das Laufwerk in der „singenden Keksdose" wird aufgezogen und im Raum versteckt. Das Kind wird wieder in den Raum gebeten. Es soll die Keksdose durch genaues Hinhören finden. Ist die Dose gefunden, darf sich der Kekssucher ein Plätzchen herausnehmen und die Dose für ein anderes Kind verstecken.

Variante

Das Spiel kann auch als „Stopp-Tanz" gespielt werden. Das Laufwerk in der klingenden Dose wird aufgezogen. Solange die Musik spielt, wird die Dose von Kind zu Kind weitergegeben. Das Kind, bei dem die Musik stoppt, darf sich einen Keks aus der Dose nehmen, die Spieluhr erneut aufziehen und weiterreichen. Danach scheidet das Kind aus.

Tipp

Alternativ kann man einen kleinen Kassettenrekorder mit leiser Weihnachtsmusik im Raum verstecken. Wer den Rekorder findet, darf sich einen Keks oder eine andere kleine Überraschung aus einer bereit gestellten Schale aussuchen.
Das Spiel macht aber auch ohne Geschenke viel Spaß!

Glöckchen raten

Der Weihnachtsmann und seine Wichtel brauchen ein gutes Gehör. Konzentriert lauschen sie verschiedenen Glöckchen.

Förderung: Aufmerksamkeit, auditives Differenzieren
Material: mind. 8 verschieden klingende Glöckchenpaare, Tablett
Alter: ab 5 Jahren
Vorbereitung: Die Glöckchen auf ein Tablett stellen.

Der Weihnachtsmann und die Wichtel sitzen um ein Tablett mit Glöckchen herum und trainieren ihr Gehör. Zunächst probieren sie alle Glöckchen aus. Dann beginnt das Spiel: Ein Kind schließt die Augen. Ein anderes nimmt ein Glöckchen, läutet es mehrmals und stellt es leise wieder zurück.
Welches Glöckchen wurde geläutet? Das Kind, das die Augen geschlossen hält, darf auf das Glöckchen zeigen, das es meint, gehört zu haben. Ist es nicht richtig, spielt das andere Kind sein Glöckchen nochmals vor.
Ist das Glöckchen gefunden, darf der Gewinner ein neues aussuchen, und ein anderes Kind schließt die Augen.

Es schneit Nüsse

Heute schneit es einmal Nüsse. Wie viele fallen herunter?

Förderung: Höraufmerksamkeit, Konzentration
Material: 1 Plastikschüssel, Nüsse
Alter: ab 6 Jahren
Vorbereitung: Plastikschüssel und Nüsse bereithalten.

Die Wichtelkinder schließen die Augen. Der Weihnachtsmann lässt beliebig viele Nüsse in eine Plastikschüssel oder auf den Fußboden fallen – natürlich alle nacheinander. Die kleinen Wichtel spitzen die Ohren und sollen hinterher raten, wie viele Nüsse in die Schüssel gefallen sind.

Variante
Die Spielleitung wirft die Nüsse sehr schnell in die Schüssel. Sie kann auch nach einem bestimmten Rhythmus vorgehen.

Merkfähigkeit

Eine Bestellung für den Weihnachtsmann

Wer merkt sich die Bestellung des Weihnachtsmanns und kann sie ausführen?

Förderung: Einhalten von Reihenfolgen, Merkfähigkeit
Material: mind. 20 verschiedene Spielzeuge, Regal, Kaufladen oder Tisch, 1 Weihnachtsmannmütze; evtl. 1 Rollbrett
Alter: ab 4 Jahren
Vorbereitung: Ein Regal oder einen Tisch mit Spielsachen füllen.

Zu Weihnachten herrscht in den Wichtelwerkstätten Hochbetrieb. Kurz vor dem Fest werden die Geschenke der Kinder sortiert. Damit auch jedes Kind das richtige Geschenk bekommt, müssen die Bestellungen sorgfältig zusammengestellt werden. In einem Regal, im Kaufladen oder auf einem Tisch stehen tolle Spielzeuge. Ein Kind erhält die Mütze und ist der Weihnachtsmann, der beim Postwichtel eine Bestellung aufgibt. Er könnte z. B. sagen: „Lieber Postwichtel, ich brauche einen Teddy, ein rotes Auto, zwei gelbe Buntstifte und ein Malbuch, kannst du mir das bitte besorgen?" Der kleine Wichtel flitzt los und holt die gewünschten Dinge aus dem Regal, dem Kaufmannsladen oder dem Tisch. Der Weihnachtsmann kontrolliert die Bestellung und lobt den Wichtel, wenn alles richtig ist!

Tipp
Bei jüngeren Kindern werden entsprechend weniger Aufträge gegeben.

Variante 1
Das Spiel wird schwerer, wenn der Wichtel die gewünschten Dinge in der genannten Reihenfolge bringen soll.

Variante 2
Viel Spaß macht das Spiel, wenn der Wichtel ein Rollbrett als Schlitten benutzen darf.

Keksmemory

Auch Wichtelkinder spielen gerne Memory. Beim Keksmemory knurrt den Wichtelkindern schon mal der Magen.

Förderung: Merkfähigkeit
Material: ca. 40 Pappbecher (evtl. mit Weihnachtsmotiv oder weihnachtlich verziert), ca. 20 verschiedene Kekspaare oder andere Weihnachtsleckereien (Dominosteine, Goldtaler, Schokokugeln); evtl. Nüsse in Schalen
Alter: ab 3 Jahren
Vorbereitung: Jeweils einen Keks unter einen gestürzten Becher legen und die Becher auf einem großen Tisch verteilen.

Die Weihnachtsleckereien liegen unter den Pappbechern wie die Karten beim Memory. Es gelten die Regeln des Memorys. Zwei Leckereien sind jeweils identisch. Die Kinder dürfen der Reihe nach immer zwei Becher hochheben und schauen, ob die darunter liegenden Süßigkeiten zusammengehören. Hat das Kind ein Pärchen gefunden, darf es die zwei Leckereien zunächst behalten. Nach jedem gelungenen Versuch darf das Kind sein Glück nochmals probieren. Sind die Kekse unter den Bechern nicht identisch, ist das nächste Kind dran. Wer die meisten Pärchen aufdeckt, hat gewonnen.
Zum Schluss kommen alle Kekse in eine Schüssel und werden gemeinsam gegessen. Sicher fällt dabei jemandem eine kleine Weihnachtsgeschichte ein.

Variante
Bei einem Nussmemory können verschiedene Nüsse auch auf dem Boden versteckt werden.

Was hat der Elch gemampft?

Es hat geschneit. Der ganze Wald ist mit Schnee bedeckt. Er schimmert und glitzert wunderschön. Kringel, der Elch, stapft durch den Schnee. Wenn nur sein Magen nicht so knurren würde!

Förderung: Merkfähigkeit, Figur-Grund-Unterscheidung
Material: Elche (➔ Anleitung), verschiedene kleine Weihnachtsleckereien (z. B. Zimtstangen, Anissterne, Würfelzucker, Mandarinenscheiben, Nüsse)
Alter: ab 4 Jahren
Vorbereitung: Aus Toilettenpapierrollen für jedes Kind einen Elch basteln.

Jedes Kind erhält einen Elch. Auf dem Tisch liegen verschiedene Weihnachtsleckereien wie Zimtstangen, Anissterne, Würfelzucker und Mandarinenscheiben, die auch einem Elch gut schmecken.
Kringel, der Elch, stapft durch den Schnee. Sein Magen knurrt und er hat Hunger. Die Spielleitung erzählt, was der Elch gemampft hat, z. B: „Als erstes frisst Kringel, der Elch, einen Anisstern, dann läuft er weiter und verputzt zwei Würfelzucker. Die haben ihm richtig gut geschmeckt. Zum Nachtisch gibt es eine dicke Zimtstange.
Die Kinder merken sich das Genannte und legen es in ihren Elch (das Innere der Rolle). So füttern sie ihn symbolisch damit. Zum Schluss vergleichen alle miteinander, ob die Elche das Gleiche gefressen und die Kinder ein gutes Gedächtnis haben.

Bastelanleitung für Elche

Material pro Elch: 1 Toilettenpapierrolle, braune Plakafarbe, 1 Paar Wackelaugen, 1 roter Pompon, braunes Tonpapier, Schere und Klebstoff

Die Toilettenpapierrolle mit brauner Plakafarbe grundieren. Das Gesicht gestalten: Wackelaugen und Nase aufkleben und einen Mund malen. Aus dem Tonpapier ein Geweih ausschneiden und oben an die Rolle kleben.

Mundmotorik

Bääääh

Die Kinder sind Rentiere, die nichts lieber essen als Nüsse. Es ist nur so schwer, an sie heranzukommen!

Förderung: Mundmotorik
Material: pro Kind 1 Lufttröte und 1 Pappbecher, Nüsse; evtl. grün angemalte Toilettenpapierrollen
Alter: ab 5 Jahren

Rentiere essen liebend gern Nüsse. Auf einem Tisch stehen Pappbecher mit dem Boden nach oben, auf denen Nüsse liegen. Mit ihrer langen Zunge (Lufttröte) versuchen die Rentiere nun, an die Nüsse heranzukommen. Die Nüsse gelten als verspeist, wenn sie von der Unterlage gefallen sind!

Variante

Zum Spielen eignen sich auch grün angemalte Toilettenpapierrollen, die als Baumstämme gelten können. Sie lassen sich leichter umwerfen.

Lichterrennen

Zu jedem Weihnachtsfest gehören Kerzenschein und Lichterglanz. Aber auch Sternenkinder müssen Reihenfolgen und Regeln lernen.

Förderung: Mundmotorik
Material: 1 Teelicht pro Kind, 2 Stabfeuerzeuge, feuerfeste Teller
Alter: ab 7 Jahren (unter Aufsicht)

Die Sternenkinder bilden zwei Mannschaften und knien sich nebeneinander auf den Fußboden. Vor jedem Kind steht ein Teelicht auf einem feuerfesten Teller. Die Teelichter sind noch nicht angezündet. Die beiden ersten Sternenkinder einer Mannschaft zünden nun ihr Teelicht mit einem Stabfeuerzeug an. Brennt dieses, wird das Feuerzeug weitergegeben. Wenn alle Lichter einer Mannschaft brennen, ruft das letzte Kind: „Fertig und los." Die Kinder pusten ihre Teelichter blitzschnell aus.
Sind alle Teelichter gelöscht, rutschen die Sternenkinder einen Platz nach rechts auf. Das letzte Kind der Reihe rennt an der Mannschaft vorbei und nimmt den frei gewordenen Platz ein. Das Spiel beginnt von vorne. Wenn die Kinder wieder an ihrem Ausgangsplatz sitzen, ist das Spiel beendet. Die schnellere Mannschaft gewinnt.

Kerzen auspusten

So viel Kerzenschein zu Weihnachten! Da sind natürlich die Wichtel mit der großen Puste gefragt. Denn das Ausblasen der Kerzen ist gar nicht so einfach.

Förderung: Mundmotorik
Material: mind. 5 Kerzen oder Teelichter, 1 Feuerzeug
Alter: ab 5 Jahren
Vorbereitung: Brennende Teelichter in einer Reihe im Abstand von jeweils 20 cm auf den Tisch, eine Bank oder den Fußboden stellen.

Etwa fünf Kerzen stehen in einer Reihe auf dem Fußboden, einer Bank oder einem Tisch. Ein Kind setzt sich in einen sicheren Abstand von den Kerzen entfernt und versucht, so viele Kerzen wie möglich auf einmal auszupusten. Für jede ausgepustete Kerze erhält es einen Punkt. Das Kind mit den meisten Punkten gewinnt.

Variante
Diese Übung eignet sich auch als Mannschaftsspiel. Dann zählt jede ausgepustete Kerze als ein Gruppenpunkt.

Schneeflöckchen

Auch Engel machen manchmal Blödsinn. Deshalb spielen sie gerne das Schneeflöckchen-Spiel.

Förderung: Mundmotorik
Material: pro Kind 1 Wattebausch (oder Papierschnipsel), 1 Strohhalm und 1 Teller, 1 Zusatzteller
Alter: ab 5 Jahren

Jeder Engel erhält einen Wattebausch, einen Teller und einen Strohhalm. Alle Engel knien in einer Reihe vor ihren Tellern. Am Ende der Reihe steht ein Zusatzteller, auf dem viele Schneeflocken (Wattebäusche) liegen. Die Engel saugen die Schneeflocken mit ihren Strohhalmen an und geben sie so zum nächsten Teller weiter.

Tipp
Dieses Spiel kann auch als Wettspiel gespielt werden. Dann gewinnt die Mannschaft mit den meisten Schneeflocken.

Die Weihnachtsbrezel schnappen

Eine von der Leine geschnappte Lebkuchenbrezel schmeckt noch einmal so gut!

Förderung: Mundmotorik
Material: pro Kind 1 Lebkuchenbrezel, Wäscheleine, kurze Fäden
Alter: ab 3 Jahren
Vorbereitung: Eine Wäscheleine quer durch den Raum spannen und einzelne Brezeln mit kurzen Fäden daran hängen.

Die Kinder stehen unter der Wäscheleine mit Lebkuchenbrezeln und versuchen, eine Brezel mit dem Mund zu schnappen. Wer eine erwischt, darf sie mit den Händen vom Faden befreien. Hat jedes Kind eine Brezel ergattert, essen alle die Brezeln gemeinsam auf.

Tipp
Dieses Spiel eignet sich gut, um etwas Pepp in die Adventsfeier zu bringen. Es kann auch als Staffel gespielt werden.

Konzentration

Weihnachtslabyrinth

Die Wichtelkinder müssen sich gut orientieren können. Deshalb üben sie im Weihnachtslabyrinth.

Förderung: Konzentration, visuelle Wahrnehmung, Raumerfahrung, Richtungsdenken, Rechts-links-Unterscheidung, Merkfähigkeit, Gleichgewicht
Material: Tannenzweige, Nüsse, Stroh, Watte, Kerzen; evtl. Teelichter, Windgläser, Duftfläschchen
Alter: ab 3 Jahren
Vorbereitung: Legematerial wie Tannenzweige, Nüsse, Stroh, Watte und Kerzen bereitlegen; evtl. Duftflaschen (jeweils zwei gleiche Düfte) und Teelichter bereitstellen.

Die Kinder legen aus Tannenzweigen, Nüssen, Stroh, Watte und Kerzen ein Labyrinth auf den Fußboden. Die Wege sollen so breit sein, dass die Kinder bequem hindurchlaufen können. Nun gehen die Kinder durch das Labyrinth und achten aufeinander, damit sie nicht anstoßen.

Variante 1
Besonders ansprechend ist es für Kinder, wenn der Raum abgedunkelt ist und in das Labyrinth Teelichter in stabile Windgläser gestellt werden. Durch die Windgläser ist diese Aufgabe ungefährlich. Der Kerzenschein verleiht eine ganz ruhige Atmosphäre. Die Kinder sind viel aufmerksamer und bewegen sich sehr vorsichtig.

Variante 2

Der Weihnachtsmann gibt den Weg vor, die Kinder sollen seiner Anweisung folgen. Er sagt z. B.: „Also, kleiner Wichtel, du gehst geradeaus und an der zweiten Kreuzung biegst du links ab und biegst gleich an der nächsten Möglichkeit wieder rechts ab."

Variante 3

Die Spielleitung versteckt Duftfläschchen im Labyrinth. Alle verborgenen Düfte werden außerdem beim Weihnachtsmann gelagert. Der Weihnachtsmann ruft die Wichtel zu sich und lässt sie an seinem Duftfläschchen riechen. Wer findet den richtigen Duft im Labyrinth und kann ihn zum Weihnachtsmann bringen?

Wichtelchaos

Die große Wichtelparade beginnt und – oh Schreck – alle Wichtel sind durcheinandergeraten!

Förderung: Konzentration, soziale Kompetenz
Material: –
Alter: ab 6 Jahren

Die Wichtel stehen bei der großen Wichtelparade kreuz und quer durcheinander. Nun heißt es Ruhe bewahren. Die Zuschauer sitzen schließlich schon gespannt auf ihren Plätzen. Können die Wichtel sich der Größe nach ordnen, ohne dabei zu sprechen?

Varianten

Die Kinder stellen sich nach Alter oder nach den Anfangsbuchstaben des Vornamens alphabetisch auf. Natürlich wird nicht gesprochen!

Blinzelnder Weihnachtsmann

Ho, ho, ho – wer ist der echte Weihnachtsmann?

Förderung: Konzentration, soziale Kompetenz
Material: Stühle
Alter: ab 7 Jahren

Ein Kind verlässt den Raum. Alle anderen Kinder bilden einen Stuhlkreis. Ein Kind aus dem Stuhlkreis wird zum Weihnachtsmann gewählt. Dann wird das Kind von draußen in den Raum gerufen.
Der Weihnachtsmann blinzelt möglichst unauffällig einem Kind zu. Merkt ein Kind, dass es angeblinzelt wurde, hüpft es von seinem Stuhl und ruft: „Ho! Ho! Ho! Frohe Weihnachten!"
Das Kind, das draußen war, muss alle Spieler genau beobachten und erraten, wer der zwinkernde Weihnachtsmann ist.

Kleiner Wichtel, wie lange schläfst du noch?

Im Schlaf lernen kleine Wichtel zählen.

Förderung: Konzentration, Zählen
Material: 1 Decke, 1 Kissen
Alter: ab 5 Jahren
Vorbereitung: Decke und Kissen bereitlegen.

Die Wichtel sitzen im Stuhlkreis oder auf dem Fußboden um eine Decke herum. Ein Kind ist der schläfrige Wichtel. Er legt sich auf die Decke, den Kopf auf ein Kissen und schläft ein. Die anderen Kinder fragen: „Wichtel, wie lange schläfst du noch?" Darauf antwortet der Wichtel z. B.: „Bis fünf Uhr."
Die Kinder zählen nun: „1, 2, 3, 4, 5 … Aufstehen, kleiner Wichtel!" Dann ist das nächste Kind an der Reihe.

Variante
Das Zählen kann mit Bewegungen, z. B. Klatschen, verbunden werden.

Tipp
Geben Sie den Kindern vorher eine Zahlengrenze (z. B. bis 12 Uhr) vor, sonst zählen sie bei einigen Wichteln ewig!

Das wandernde Geschenk

Kleine Geschenke werden geschickt über das Schwungtuch manövriert.

Förderung: Konzentration, soziale Kompetenz
Material: 1 Schwungtuch oder Bettlaken, kleine Gegenstände, Geschenkpapier; evtl. kleine leere Kartons
Alter: ab 6 Jahren
Vorbereitung: Kleine Gegenstände als Geschenke verpacken. Schwungtuch bereithalten.

Die Kinder halten ein Schwungtuch auf Spannung. Der Weihnachtsmann legt ein kleines Päckchen auf das Tuch und sagt z. B.: „Dieses Geschenk soll zu Timo reisen." Nun macht sich das Päckchen auf die Reise. Alle Kinder versuchen gemeinsam, die Post zu dem gewünschten Kind zu balancieren, indem sie das Schwungtuch bewegen.

Tipp
Die Geschenkpäckchen müssen nicht unbedingt gefüllt sein. Kleine leere Kartons lassen sich auch gut einpacken.

Tragt in die Welt nun ein Licht

Dieses Spiel regt zu einer Art Kerzenmeditation an.

Förderung: Konzentration
Material: 1 Kerze, 1 Teller oder 1 Unterlage, 1 Feuerzeug
Alter: ab 4 Jahren
Vorbereitung: Kerze auf einen Teller fixieren und bei absoluter Ruhe der Spieler anzünden.

Die Kinder sitzen im Kreis. Wenn alles ganz still ist, wird eine Kerze angezündet. Diese Kerze soll nun an die anderen Kinder weitergegeben werden, und zwar nicht an ihren Nachbarn, sondern an irgendein Kind im Kreis.
Aber aufgepasst: Wer hatte die Kerze noch nicht? Kein Kind darf die Kerze zweimal weitergeben. Und solange die Kerze brennt, darf nicht gesprochen werden!

Wunschzettel

Die Kinder malen ihren Weihnachtswunsch.

Förderung: Konzentration, visuelle Vorstellungskraft, Spaß am Spiel
Material: pro Kind 1 gebundenes Buch oder Klemmbrett, 1 Blatt Papier und 1 Stift
Alter: ab 7 Jahren
Vorbereitung: Für jedes Kind ein Blatt Papier auf einem Buch oder Klemmbrett fixieren.

Die Kinder legen sich das Buch bzw. Klemmbrett mit dem Blatt Papier auf den Kopf. Mit dem Stift zeichnen sie ihren Weihnachtswunsch. Das ist ganz schön schwierig, denn die Kinder können ja nicht sehen, was sie malen. Manch ein Bild lässt die Kinder herzhaft lachen.

Wichtelsport

Wichtel lieben Geschenkkartonsport. Ruckzuck sind sie bärenstark!

Förderung: Körperwahrnehmung, Körperkoordination, Ausdauer, Muskulaturaufbau, Konzentration
Material: pro Kind 1 Pappkarton, Matten, Geschenkpapier; evtl. Musik, Korb, Rollbrett
Alter: ab 3 Jahren
Vorbereitung: Leere Pappkartons mit Geschenkpapier umkleben.

Die Weihnachtswichtel müssen sich immer fit halten. Schließlich helfen sie dem Weihnachtsmann und das nicht nur am Heiligen Abend.
Das Fitnessprogramm der Wichtel sieht allerdings ganz anders aus als bei uns. Die Wichtel kennen keine Fitnessgeräte oder Hanteln. Alle Übungen werden mit Geschenkpaketen gemacht. Also, an die Geschenke, fertig, los!

Anregungen

- um das Päckchen herumlaufen
- zwei Kinder werfen sich ein Päckchen zu
- über die Päckchen hüpfen
- ein Kind macht eine Brücke, ein anderes schiebt das Päckchen durch
- ein Kind steht im Liegestütz, ein anderes reicht ein Paket hindurch
- das Paket mit den Füßen aufnehmen und zum nächsten Kind weitergeben
- ein Paket mit dem Fuß im Slalom um Hindernisse schieben
- Dehnübungen mit dem Paket
- das Kind sitzt im Langsitz, auf seinen Füßen liegt das Paket. Mit geradem Oberkörper und gestreckten Beinen hebt das Kind das Paket auf, legt sich hin und legt es mit gestreckten Armen hinter seinen Kopf. Dann das Ganze in der anderen Richtung.
- Paket in einen Paketkorb werfen
- Paket auf dem Schlitten (Rollbrett) in Bauchlage auf dem Rücken transportieren

Variante

Dieses Spiel kann auch zur Wichtelolympiade umgewandelt werden.

Tipp

Am besten geht's mit Musik.

Wichtelrennen

Das ist jetzt Ausdauertraining für Wichtel.

Förderung: Koordination, Konzentration, Kraftdosierung, Richtungsdenken
Material: 2 Kartons, Geschenkpapier
Alter: ab 3 Jahren
Vorbereitung: Zwei leere Pappkartons mit Geschenkpapier umkleben.

Die Wichtel stehen in zwei Gruppen in Reihen hintereinander. Der erste Wichtel hebt ein kleines Paket auf und gibt es mit geraden Armen über den Kopf nach hinten weiter. Der nächste macht dasselbe. Aber vorsichtig, denn in so einem Paket kann durchaus auch mal etwas Zerbrechliches sein! Ist das Paket beim letzten Wichtel angekommen, rennt dieser nach vorne und gibt es erneut durch die Reihe. Gewonnen hat die schnellere Mannschaft.

Variante
Es können auch Kleinigkeiten für die Kinder in den Paketen verpackt sein. Das macht es besonders spannend.

Engel auf einer Wolke

Bei diesem Spiel sollen die Engel mittels Konzentration, Balance, Körperbewusstsein und Kooperation eine Wolke, auf der sie stehen, umdrehen, ohne dabei den Fußboden zu berühren.

Förderung: Kraftdosierung, Koordination, Kommunikation, Soziale Kompetenz
Material: weißer Stoff (z. B. Nessel) oder Handtücher; evtl. Decke
Alter: ab 7 Jahren
Vorbereitung: Für jeden Mitspieler eine Wolke aus weißem Stoff ausschneiden oder Handtücher benutzen.

Die Engel stehen zu zweit auf einer Wolke. Zum Weihnachtsfest haben sie gebastelt und gemalt. Dabei ist ganz viel Goldfarbe ausgelaufen! Das Missgeschick muss behoben werden. Nur gut, dass die Wolke auf der anderen Seite noch ganz sauber ist, sie muss also nur umgedreht werden!
Die Kinder versuchen, die Wolke zu wenden, ohne dass eines von ihnen den Boden berührt.

Variante 1
Es können auch drei oder vier Kinder auf einer größeren Wolke stehen (Wolken größer schneiden oder eine Decke benutzen). Es kann auch ein Elternteil mitspielen.

Variante 2
Dieses Spiel kann gut ohne Worte gespielt werden.

Anhang

Register

Literaturhinweise

* Dorothea Beigel, Beweg dich, Schule!, Borgmann Media, Dortmund, 2005
* Sybille Bierögel, Antje Hemming, Sternstunden im Kinderturnen, Ökotopia Verlag, Münster, 2006
* Sabine Bohlmann, Ein Löffelchen voll Zucker, vgs Verlagsgesellschaft mbH, Köln, 2004
* Dieter Krowatschek, 177 × Spaß im Unterricht, Borgmann Media, Dortmund, 1996
* Chermaine Liebertz, Spiele zum ganzheitlichen Lernen, Don Bosco Verlag, München, 2004
* Chermaine Liebertz, Spiele zur Herzensbildung, Don Bosco Verlag, München, 2007
* Ingrid Papst, Konny Riedl, Das große Weihnachtsbuch für die ganze Familie, Pattloch Verlag, München, 1999
* Sylvia Schneider, Das Stark mach Buch, Christophorus im Verlag Herder, Freiburg im Breisgau, 2002
* Sylvia Schneider, Das Schlau mach Buch, Christophorus im Verlag Herder, Freiburg im Breisgau, 2003
* Sylvia Schneider, Bewegung macht Kinder schlau, Christophorus im Verlag Herder, Freiburg im Breisgau, 2004

Die Autorinnen

Sonja Janssen, Ergotherapeutin in eigener Praxis in Aurich seit 12 Jahren, leitet Gruppen zur Wahrnehmungsförderung und Bewegungsschulung in Kindergärten und sammelte mit eigenem Konzept Erfahrungen in einem Integrationssportverein und einer Schule. Unter ihrem Motto: „Manchmal fehlen nur die Ideen – Förderung mit Hand und Fuß" bietet sie Fortbildungsveranstaltungen an mit einer ausgewogenen Mischung aus Theorie und Praxis und der Vielzahl praktischer und alltagstauglicher Ideen.

Julia Alberts, Grundschullehrerin in Strackholt, bringt ihren SchülerInnen mit eigenen Ideen, Engagement und Motivation das Lernen auf besondere Weise bei. Mit Projekten wie der „Basalförderung" (Schulung der Basiswahrnehmung) und „Sprachförderung, mal anders" (Sprachförderung im Kindergartenalter) und der „Vorschulförderung für helle Köpfe" bereitet sie die Kinder auf die Schule vor und begleitet sie durch die Grundschulzeit.

Die Illustratorin

Simone Pahl, Jahrgang 1968, zeichnete schon immer leidenschaftlich gerne. Sie studierte Architektur in Berlin und veröffentlichte bereits während ihrer Tätigkeit als Architektin zahlreiche Illustrationen. 2004 machte sie ihre Leidenschaft zum Beruf. Seitdem sorgt sie als freie Illustratorin für eine anspruchsvolle Bebilderung von Unterrichtsmaterialien, Lernspielen und Kinder- und Jugendbüchern verschiedener Verlage. Ihr Ziel ist es, durch einen einfühlsamen und lebendigen Zeichenstil die Inhalte von Texten eindrucksvoll zu vermitteln. Sie ist Mitglied der Illustratoren Organisation e. V. Weitere Informationen finden Sie unter www.simonepahl.de.

Der Fachverlag für gruppen- und spielpädagogische Materialien

Spiele, Spiele in Gruppen, Lernspiele, Bewegungsspiele, Brettspiele, Kooperative Spiele

Ökotopia Verlag und Versand

Fordern Sie unser kostenloses Programm an:

Ökotopia Verlag

Hafenweg 26a · D-48155 Münster
Tel.: (02 51) 48 19 80 · Fax: 4 81 98 29
E-Mail: info@oekotopia-verlag.de

Besuchen Sie unsere Homepage! Genießen Sie dort unsere Hörproben!

http://www.oekotopia-verlag.de und www.weltmusik-fuer-kinder.de

Sybille Günther

Lichterfeste

Spiele, Lieder, Tänze, Dekorationen und Rezepte für Feiern und Umzüge in der Lichterzeit

Hier gibt es neben bekannten Bräuchen viel Neues zu entdecken: Tänze und Spiele ums Erntefeuer, Nachtumzüge im Geisterlicht, Durchsitznächte im Kerzenschein oder ein Lichterfrühstück am Lucientag.

ISBN (Buch) 978-3-936286-66-3
ISBN (CD) 978-3-936286-67-0

Sybille Günther

Himmlische Zeiten für Kinder

Den Zauber weihnachtlichen Brauchtums in lebendigen Aktionen von Martini bis Silvester stimmungsvoll erleben

Mit einfühlsamen Weihnachtsgeschichten, mit Brauchtum und schönen Liedern, mit frischen Ideen und lebendigen Spielen geht es für Kinder singend und tanzend durch die Weihnachtszeit

ISBN (Buch) 978-3-86702-088-6
ISBN (CD) 978-3-86702-089-3

Rolf Zuckowski

Feste feiern & gestalten rund um die Jahresuhr

Mit zahlreichen Spielaktionen, Dekorationen, Rezepten und Planungshilfen für das nächste Fest rund um Hits von Rolf Zuckowski

Ob für die Aufnahmefeier im Kindergarten, das Freundschaftsfest in der Grundschule oder das Weihnachtsfest zu Hause - die Autorinnen halten für alle Gelegenheiten rund um die Jahresuhr vielfältige Aktivitäten bereit.

ISBN (Buch) 978-3-936286-68-7
ISBN (CD) 978-3-936286-69-4

Pit Budde, Josefine Kronfli

Santa, Sinter, Joulupukki – Weihnachten hier und anderswo

Ein internationaler Ideenschatz mit Liedern, Geschichten, Bastelaktionen, Rezepten, Spielen und Tänzen

Die Weihnachtszeit auf der ganzen Welt in Spielen, Bastelanleitungen, Liedern, Geschichten, Sachinformationen und Rezepten, um mit Kindern Weihnachten fantasievoll zu gestalten und mit allen Sinnen zu feiern.

ISBN (Buch) 978-3-936286-04-5
ISBN (CD) 978-3-936286-05-2

Andrea Erkert

Das Adventsspiele-Buch

Die weihnachtliche Zeit spielerisch begleiten

Eine Auswahl an ruhigen wie bewegungsintensiven Spielimpulsen rund um die Adventszeit, die sich mit kleineren und größeren Gruppen jederzeit und nahezu überall durchführen lassen. Zahlreiche Spielideen und Anregungen, mit denen sich Kinder ganz bewußt mit Motiven rund um das Weihnachtsfest beschäftigen.

ISBN 978-3-86702-060-2

Barbara Cratzius

Wir freuen uns aufs Weihnachtsspiel

Leichte Stücke zum Mitmachen und Mitspielen für die Advents- und Weihnachtszeit

Kurze Spielstücke zur Advents- und Weihnachtszeit mit lustigen und besinnlichen Texten. Leicht und mit wenig Aufwand lassen sich im Kindergarten und in der Grundschule Aufführungen mit kleinen sowie größeren Kindern einüben und aufführen. Wie das ohne Stress geht und auch noch Spaß macht, wird in diesem liebevoll illustrierten Mitmachbuch gezeigt.

ISBN 978-3-86702-022-0

SPIEL & RAT
Almuth Bartl

Babys SpieleSpaß

111 Ideen, nützliche Tipps und Anregungen für die Kleinsten

ISBN 978-3-86702-019-0

Bettina Ried

Eltern turnen mit den Kleinsten

Anleitungen und Anregungen zur Bewegungsförderung von Kindern von 1-4 Jahren

ISBN: 978-3-925169-89-2

Sabine Hirler

Kinder brauchen Musik, Spiel und Tanz

Bewegt-musikalische Spiele, Lieder und Spielgeschichten für kleine und große Kinder

ISBN (Buch): 978-3-931902-28-5
ISBN (CD): 978-3-931902-29-2

Sybille Günther

Krippenkinder begleiten, fördern, unterstützen

Über 200 gezielte, spielerische Angebote für Kinder von 0 bis 3 Jahren

ISBN: 978-3-86702-063-3

Gisela Mühlenberg

Kritzeln, Schnipseln, Klecksen

Erste Erfahrungen mit Farbe, Schere und Papier und lustige Ideen zum Basteln mit Kindern ab 2 Jahren

ISBN: 978-3-925169-96-0

Wolfgang Hering

Kunterbunte Fingerspiele

Fantastisch viele Spielverse und Bewegungslieder für Finger und Hände

ISBN (Buch): 978-3-936286-98-4
ISBN (CD): 978-3-936286-99-1

Wiebke Kemper

Rasselschwein & Glöckchenschaf

Mit Orff-Instrumenten im Kinder- und Musikgarten spielerisch musizieren – für Kinder ab 2

ISBN (Buch): 978-3-936286-17-5
ISBN (CD): 978-3-936286-18-2

Margarita Klein

Schmetterling und Katzenpfoten

Sanfte Massagen für Babys und Kinder

ISBN: 978-3-931902-38-4

E. Gulden, B. Scheer

Singzwerge & Krabbelmäuse

Frühkindliche Entwicklung musikalisch fördern mit Liedern, Reimen, Bewegungs- und Tanzspielen für zu Hause, für Eltern-Kind-Gruppen, Musikgarten und Krippen

ISBN (Buch): 978-3-936286-36-6
ISBN (CD): 978-3-936286-37-3

Johanna Friedl

Spiele für die Kleinsten

Eine bunte Sammlung von abwechslungsreichen Spielideen für Kinder ab 1 Jahr

ISBN: 978-3-86702-058-9

Jakobine Wierz

Vom Kritzel-Kratzel zur Farbexplosion

Kindliche Mal- und Gestaltungsfreude verstehen und fördern – mit zahlreichen praktischen Anregungen von 2 bis 10 Jahren

ISBN 978-3-936286-42-7

Birgit Kasprik

Wi-Wa-Wunderkiste

Mit dem Rollreifen auf den Krabbelberg – Spiel- und Bewegungsanimation für Kinder ab einem Jahr

ISBN: 978-3-925169-85-4